跆拳道与武术
国际化发展比较研究

康亚峰　著

中国原子能出版社

图书在版编目（CIP）数据

跆拳道与武术国际化发展比较研究 / 康亚峰著.
--北京：中国原子能出版社，2023.5

ISBN 978-7-5221-2733-0

Ⅰ. ①跆… Ⅱ. ①康… Ⅲ. ①武术–体育事业–国际化–研究–中国 Ⅳ. ①G852

中国国家版本馆 CIP 数据核字（2023）第 099787 号

跆拳道与武术国际化发展比较研究

出版发行	中国原子能出版社（北京市海淀区阜成路 43 号　100048）
责任编辑	白皎玮　王齐飞
责任印制	赵　明
印　　刷	北京天恒嘉业印刷有限公司
经　　销	全国新华书店
开　　本	787 mm×1092 mm　1/16
印　　张	11.125
字　　数	230 千字
版　　次	2023 年 5 月第 1 版　2023 年 5 月第 1 次印刷
书　　号	ISBN 978-7-5221-2733-0　　　定　价　**76.00 元**

发行电话：**010-68452845**

前　言

中国武术是中华民族宝贵的文化遗产，是我国历史文化宝库中的瑰宝和精粹，它的内容丰富、形式多样，具有独特的魅力，有着悠久的历史。在科技高速发展、全球化趋势日益明显的今天，伴随着文化共享的潮流，各种原本属于民族独享的传统文化都在以前所未有的速度相互交融，造福人类。在这种背景下，武术人应该、也有义务把武术推向世界，作出自己的贡献，让武术造福世界。

中韩两国一衣带水，两国文化又有着千丝万缕的联系，无论从生发的环境还是生发的思想基础来看，两国的体育文化都有着巨大的相似性。基于此，我们认为两国的民族传统体育项目——武术和跆拳道，具备可以比较的基础，也就是说，在武术项目国际化的过程中，跆拳道的成功经验具有一定的借鉴意义。

本书从韩国跆拳道的成功发展经验入手，来对比分析中国武术产生、发展及现状，提出跆拳道发展过程中可为我所用的方式方法，总结出切实可行的有关中国武术的发展之道。本书主要内容包括跆拳道概述、竞技跆拳道的基本技术、竞技跆拳道中的战术与心理训练、跆拳道品势、中国武术的国际化发展、从国际化历程角度看跆拳道的可取之处、构建中国武术的国际化方案等内容。

为了提升本书的学术性与严谨性，在撰写过程中，笔者参阅了大量的文献资料，引用了诸多专家学者的研究成果，因篇幅有限，不能一一列举，在此一并表示最诚挚的感谢。由于时间仓促，加之笔者水平有限，在撰写过程中难免出现不足之处，希望各位读者不吝赐教，提出宝贵的意见，以便笔者在今后的学习中加以改进。

目　录

第一章
跆拳道概述

　　跆拳道运动属于搏击类运动项目，是通过同场对抗，利用拳和脚进行搏击的一种运动形式。主要内容包括竞技（实战）、品势（套路）和功力检测三个部分。

　　跆拳道运动项目中的"跆（TAE）"是指用下肢踩、踏、踢；"拳（KWON）"意为用拳击打；"道（DO）"是指方法与道理。同时道也是一种文化，一种学问。由此可见，跆拳道是以脚为主，以手为辅，手脚并用，内练精神气质，外练搏击格斗的武道。今天的跆拳道可分为传统跆拳道和现代竞技跆拳道两大类。传统跆拳道主要包括品势、搏击、功力检测三个部分。传统跆拳道的品势，相当于中国武术中的套路，共有二十四套统一的架型；搏击格斗仍然保留着一些传统的技法，比如拳技、擒拿、摔锁等；功力主要包括威力表演和特技两部分。现代跆拳道是随着时代的进步和竞技体育的发展而衍生的，这也就是我们所说的竞技跆拳道。即在一定的规则限制下，互以对方技击动作为转移，以切磋技艺、增进友谊、提高竞技水平为目的的对抗性体育竞赛项目。它具有高度的攻防实战性和激烈的对抗性，吸取了传统跆拳道的精华，进一步突出了跆拳道善于用腿技的特点，使跆拳道的技击格斗性质在体育运动中得到完美体现。

　　跆拳道所有的技术，均是以本能的自我防卫为基础，逐渐转化为自我主观信念，进而发展为主动进攻，是在自我保护、防卫的前提下向对手发起攻击的。运动中无论进攻与防守、主动与被动，无论场上情况多么千变万化，"道"在对抗中自始至终主导着搏击者的行为与意念。跆拳道的运动方式，竞赛的规则、裁判法的规定，练习中的要求等，充分地体现了跆拳道运动有别于其他运动项目。其基本精神及各种礼仪要求，体现出该项目深厚的文化内涵与儒雅的东方文化魅力。运动技术的发挥与意念的结合，引领着跆拳道运动向更高层次发展。因此，跆拳道运动才得以在世界范围内快速发展、推广和普及。跆拳道运动具有典型的东方文化色彩。它不仅是一项具备较强攻击力的运动项目，还是一种形体艺术和行之有效地强身健体的方法。跆拳道的本身还蕴涵着一种深层的精神追求和理念，首要的是以修心养性为核心，培养强烈的爱国热情和为正义而献身的崇高精神。道，是一种方法、途径、技艺、精神，更表现为一种道理、道德和礼仪，同时它也是民族精神的体现。练习者须具备勇猛善战、敢打敢拼的精神品质，坚韧不拔、拼搏向上的精神气概。学习的过程中，不仅要学习跆拳道的技击技术，更要注重对跆拳道礼仪、道德修养的学习和遵从。每一次练习都要求"以礼始、以礼终"，培养人忍耐、谦虚和坚韧不拔的精神。

跆拳道的精神对青少年有着积极的教育意义。学习跆拳道可以内修精神、性情，外修技术、身体，培养常人难以达到的意志品质和忍让谦恭的美德。因此这项内外双修、精神气质与技击技术全面发展的体育运动深受广大青少年的喜爱。至今，跆拳道已成为世界上发展最快的体育项目之一，并已成为奥运会比赛项目。

第一节　跆拳道的溯源

跆拳道古称为"跆跟""花郎道"，是起源于古代朝鲜的民间武艺，在几千年朝鲜文化的熏陶下，有着鲜明的民族特色。

朝鲜是跆拳道的发源地，而韩国则被公认为跆拳道的宗主国。世界跆拳道联盟章程中写道："跆拳道是韩国文化的产物"。受五千年朝鲜历史文化的影响，跆拳道具有鲜明的朝鲜民族特色。了解跆拳道的历史，首先对朝鲜的历史变迁要有一个大概了解。

据《东国舆地胜览》记载，朝鲜"国在东方，受朝日之光鲜，故名朝鲜"，又称朝鲜"居东方日出之地，故名朝鲜"。早在古代的箕氏朝鲜（相当于我国商朝末）和卫氏朝鲜（公元前194年）时就用了"朝鲜"这一名称。公元10世纪到公元14世纪，王建创立了高丽王朝，将朝鲜改为"高丽"。1392年，高丽王朝被李氏王朝取代后，又用朝鲜称号。1897年，李熙在位时，将朝鲜改为"大韩"。1910年，日本吞并"大韩"后，又复称"朝鲜"。1945年，朝鲜独立后，又分为南北两部分（即韩国和朝鲜）。

一、原始跆拳道的起源

跆拳道的发展有着悠久的历史。原始跆拳道处在萌芽阶段时，它与人类求生的本能活动及其生存的需要密切相关。在远古时代，人类居住的地方多为森林环抱，四野林海茫茫。在密林深处和灌木丛中，栖息着各种凶猛的禽兽。人类为寻求生存与安宁，在采集、狩猎、觅食、抵抗毒蛇猛兽及同恶劣的自然环境的斗争中，除拳打脚踢外，还利用树枝、棍棒、石块、竹箭等作武器，以防身自卫或猎取食物。在经历了漫长历史的扬弃后，逐渐形成了徒手和使用武器的技能，获得了格斗和搏击的各种手段。这些初始自卫手段虽然粗糙而低级，但却是朝鲜古代跆拳道的萌芽，并由此产生了朝鲜最早的技击形式——跆跟（跆拳道的古称）。

　　古代跆拳道的雏形正是在这种环境下孕育而生的。经过不断的发展和完善，这些技术由一种本能的自卫活动演化为有目的、有意识的技击运动，除了用于御敌和狩猎外，也用于参加祭祀和展示力量的斗技大会。古代跆拳道就这样在实践中不断地得到补充和改进，成为一种有目的、有意识的格斗运动。

二、朝鲜三国时的跆拳道

　　朝鲜半岛的三国时代大约开始于公元前 1 世纪，是高句丽、新罗和百济三国并存的时期。高句丽在朝鲜半岛的北部，新罗在东南部，百济在西南部。为了争夺领土，三国之间战争不断，纷争四起，社会基本处于战乱连绵、动荡不安的状态，因而三国均重视技击术的修炼。在这一时期出现了"跆跟""手搏"等格斗技艺，这些格斗技术就是今天的跆拳道雏形。据朝鲜古代文献《三国史记》中记载的 87 人列传里，武士就有 60 人，占总人数的 69%。这种社会环境极大地促进了军事武艺的发展，武士团体也应运而生。为了适应战争的需要，跆拳道运动在这一时期得以迅速发展。

（一）高句丽时期的跆拳道

　　公元前 37 年，朱蒙于朝鲜半岛西北部（今天朝鲜北部的鸭绿江河谷）建立了高句丽王国。有资料显示，跆拳道在高句丽享有很高的地位，这可以从高句丽后来的国都丸都的古坟——角角氐壕、舞俑壕和三室壕的玄室壁画中得到证实。如角抵冢的壁画上，有两名男子互相搂抱臂膀进行摔跤的姿势；舞蹈冢的壁画上绘有高句丽人的生活情况和妇女的舞蹈姿势；三室冢玄室的顶壁画中，有两名男子用跆拳道的姿势互相争斗。由于连年战乱，高句丽王朝制定了选士制度，通过竞技选拔武艺高强、胆识过人的斗士。在盛大的节日中，都有舞剑、射箭、跆跟的表演。武士们把"跆跟"作为必修项目并进行严格训练，这在三室冢的壁画——"武士攻城图"上可以得到证实。

　　这些珍贵的史料足可以证明，在两千多年前的高句丽王朝，就十分盛行类似跆拳道的活动，跆拳道已在朝鲜民族心中深深扎根了。当时，这种原始的跆拳道雏形，称为"跆跟"。

（二）新罗时期的跆拳道

　　新罗在朝鲜半岛东南部的庆洲平原上，建国于公元前 57 年，执政 861 年（现在庆尚道地区）。据《朝鲜全史》考证，新罗的建国要稍晚于高句丽和百济国，建于 2 世纪中叶。建国之初，由于国力弱小，新罗一向避开与高句丽和百济的冲突，采取与高句丽联合的国策，有时甚至派王族成员到高句丽作人质，以换取高句丽的支持与帮助。新罗的统治者励精图治，加强了军队建设和对民众武艺的训练，特别是在真兴王 37 年（576 年）新罗创立了"花郎制度"。具《朝鲜上古史》记载：圆光法师为花郎道的健康发展制定了世俗五戒——"事君以忠、事亲以孝、交友以信、临战无退、杀生有择"

为其宗旨，在这种制度激励下培养了一批又一批忠君事孝、英勇顽强、无所畏惧的战士。

"花郎道"主要是由当时封建贵族子弟中品貌端庄者组成的准武士团体，通过举行马术、跆跟、射箭、狩猎及典籍、学识的考试，优秀者方能入选。典籍、学识是对青少年进行道德伦理、忠君爱国的教育，培养能够为封建统治阶级服务的文武兼备的官吏。"花郎制度"的推广为新罗的繁荣和跆拳道的长足发展奠定了基础。

国力渐渐强大的新罗，与中国唐朝统治集团联合，于公元 660 年至 668 年先后征服了百济和高句丽，统一了朝鲜半岛，建立了新罗王朝。经济文化有较大的发展，花郎道也得到大力推行。新罗的国教是佛教，许多僧侣都是花郎（武士）出身。石窟庵守门佛像、金刚力士的造型都采用跆拳道的姿势。在《帝王韵记》中记载有新罗人的习惯：两人站立互相用脚攻击，第一种是踢对方的脚；第二种技术稍好者，可踢对方的肩；第三种是技术高超者，可用脚踢对方的头部。另据《三国史记》《占事》《帝王韵记》等资料记载，当时利用拳的击打和脚踢的格斗形式已相当盛行。在描写新罗时期风俗习惯的《帝王韵记》一书中，关于跆拳道的记载，即互相站立，用脚踢对方，此方法有三种：第一种是低水平者，互踢对方的腿部；第二种是中等水平者，互踢对方的肩部；第三种是高水平者，互踢对方的头部。

（三）百济时期的跆拳道

在高句丽、新罗、百济三国鼎立时代，百济国力较弱。中国唐高宗派兵入朝，帮助新罗先灭百济后除高句丽，统一了朝鲜半岛。

据《三国史记》记载，百济的阿莘王等许多国王为了推崇尚武精神，要求不论是官吏、军人或是百姓，都要学习武艺。史书记载，百济王国流行"便战戏"，使用手和脚的格斗竞赛盛行于军队和百姓中。这种竞赛游戏分为两组进行，运用类似于今天的跆拳道技术进行比赛。在当时"便战戏"与"跆跟"虽称谓不同，但都是现代跆拳道的雏形，这表明跆拳道在百济也是相当盛行的。史料中记载的"便战戏"竞技方式类似于今天的跆拳道，就是利用手和脚格斗的竞赛，在百济时代广泛流行于军队和百姓之间。

三、高丽时期的跆拳道

公元 918 年英勇善战泰封国的大臣王建，发动政变，颠覆泰封国，建立了新的王朝。以继承强国高句丽的思想出发，定国号为高丽，建都于开京（现今的开城）。朝鲜半岛建立了统一的国家即高丽国。据史料记载，高丽军队的战斗力来自平日的训练及对跆拳道的喜爱，训练中士兵常常用拳击打木块和墙壁，以提高拳的攻击能力。当时特别喜爱徒手搏斗的忠惠王曾专门邀请臂力过人，武功高强的士兵金振郁到宫廷表演手搏技艺，使跆拳道声望大震，并且被广大民众所喜爱。据《高丽史》记载，徒手搏斗是高丽人普遍喜欢的体育项目之一，文臣武将都要经常习练，善手搏者都会得到赏赐或加官晋爵，并被规定为军队训练的必修项目。这一时期全国上下尚武之风盛行，跆拳道运动得到了空前的发展。

四、朝鲜时期的跆拳道

公元 1392 年，高丽军队的右军指挥李成桂将军，在鸭绿江江心的威化岛发动政变，带领军队打进首都，驱逐国王，取代高丽，建立了朝鲜李氏王朝，同时用"朝鲜"称国号。这一时期，高丽末期首次举行的武科考试，在李朝继续进行。武科考试科目有箭术、骑术、跆拳道等军事技术，还有儒教和军事经典知识，这是当时普通人晋升的一条捷径。据文献记载：如果一个武士想成为武官，必须在晋升考试中使用手搏或跆跟技艺打倒三个人以上才有入选武官职位的资格。由此可见当时对跆拳道的重视和提倡。

公元 1790 年（李朝正祖 14 年），李德懋和学者扑家齐、白东修三人奉王命汇编了《御定武艺图谱通志》。书中收录了关于"手搏""跆跟"等武技的文字介绍、动作图解及各种兵器的用法，这是后世所公认的较科学的跆拳道记载。李朝末期王室受文尊武卑的思想影响开始重文轻武，正是这种因素使跆拳道逐渐脱离了王室，广泛地流传于民间。

由此可知，李朝是跆拳道集大成的发展时期。在李朝，无论是徒手还是器械跆拳道技术都趋于成型和完善，逐渐形成了跆拳道的完整体系。根据《高丽史》关于手搏的记载，这一时期手搏的发展有以下几个主要特点。一是手搏作为军事武艺，文臣武将都要经常习练，善手搏者往往得到赏赐晋升官职，不善手搏者则受歧视和污辱。如"义旼善手搏，毅宗爱之，以队正迁别将"，权臣崔忠献"尝会客设宴，使重房有力者手搏，胜者即授校尉队正，以赏之"。使手搏在官员中普遍开展，促进手搏技艺的迅速提高。二是国王爱好手搏，经常观看手搏表演并赏赐财物，起了示范推动作用，使手搏向娱乐方向发展，还出现了"五兵手搏戏"的集体对练表演形式。三是手搏的威力大大提高，达到能够置人予死地的程度。《高丽史》中就有李义民击椽，椽动；杜景升击壁，壁穿；李义民击人脊柱，人死的记载。高丽末期，由于火药的发明和新武器的出现，手搏与某些军事武艺逐渐向民族竞技体育方向发展。

五、近代跆拳道

朝鲜李氏王朝末期，国内阶级矛盾不断激化，农民起义风起云涌，代表先进官僚阶层的开化派也在朝鲜半岛进行了资产阶级革命的尝试。与此同时，外来势力特别是日本帝国主义对朝鲜半岛虎视眈眈，处于内外交困的李氏王朝面临巨大的危机。1894 年 7月，日本帝国主义侵略军袭击并占领了朝鲜王宫，紧接着在朝鲜发动了对中国清王朝的战争，其结果是中国清王朝战败并退出朝鲜半岛。从此朝鲜半岛沦为日本帝国主义的殖民地。公元 1905 年，日本帝国主义强迫李氏王朝缔结了所谓的《乙巳保护条约》，进一步夺取了朝鲜的行政、司法、财政、警察权和解散了为数不多的朝鲜军队。公元 1910 年

8月，日本帝国主义完全占领了朝鲜半岛，所谓"韩日合邦"的殖民傀儡政权取代了李氏王朝，立国518年的李氏王朝就此结束了其历史使命。

朝鲜沦为日本的殖民地后，日本的"空手道"随之流入朝鲜，"花郎道"与"空手道"融合产生了"韩式空手道"，朝鲜人称这种武术为"跆拳"。《梅泉野录》记载："京师旧俗，以正月上旬聚南门外及五江上下，分队投石搏击赌胜，其死伤者设之为常，谓之便战，十数日不散，至是倭恶其习武，派兵严禁，而终不戢，至发炮射击，仅以散之"便是例证。跆拳道曾一度与日本空手道（KARATE）同名，日本帝国主义的殖民政策可见一斑。在此期间，大量的朝鲜人被迫背井离乡，流浪到中国、日本及世界各地，其中不乏一些身怀绝技的跆拳道高手。他们将中国的武术、日本的空手道等各国的武艺与跆拳道技艺糅合在一起，使之得以保存下来，从而使跆拳道技法、技巧、技能得到了充实与发展，逐渐形成了跆拳道新的技术体系。跆拳道被认为是经过东亚文化熏陶的韩国"国技"的原因正是如此。

1945年第二次世界大战后，朝鲜独立，国家政治、社会面貌日益改观，许多流落他乡的朝鲜人先后回到故里，同时将各国武技带回祖国与跆拳道交融结合，构筑了新的跆拳道技术体系，使其得到了进一步的成熟和完善。

六、现代跆拳道的发展

20世纪50年代，摆脱了日本帝国主义殖民统治的韩国跆拳道也进入了新的发展时期，各式道馆（场）如雨后春笋般地在韩国各地诞生，如"青涛""彰武""正道""武道""韩武""智道""松武""吾道"等吸引了许多青少年习武健身。可是，由于派系林立，内部矛盾重重，对跆拳道的解读各执一词；对跆拳道的名称认定众说纷纭："托肩""退骞""手搏""跆肩""唐手""空手"等，十分混乱。在此情形之下，崔泓熙、李锺佑、蔡叔命3人基于以下原因：①彻底清除日本殖民主义教育的毒害与影响；②对民族传统文化的重新认识；③重塑国民形象，振奋民族精神；④整合、统一、规范朝鲜武艺，开始了对朝鲜半岛现有武艺的整理，在继承、弘扬、革新、发展的原则指导下，确立了以技击、品势、竞赛为特点的现代跆拳道运动，标志着跆拳道迈向科学化、体系化、民族化、国际化发展的新里程。

1955年为了更好地推广这种新型的朝鲜民族武术，韩国武术家、体育家、教育家、高级军官及相关学者经过讨论认为冷兵器时代已经过去，练习跆拳道不仅是练习手脚的功夫，更重要的是一种精神的修炼，磨炼一种"坚韧不拔""百折不挠"的意志，培养一种"礼义廉耻""谦逊宽容"的品质。教练员在教授学员学习的过程中，不应只是教授学员实战、技击的技巧，更重要的是要教会学员做人的道理。当时崔泓熙认为："跆拳道集东方意识和科学技术于一体，使人的能力尽可能地得到发挥，它是一种既能够强身健体又能够防身自卫的体育运动。"经过讨论大家一致通过崔泓熙提出的"跆拳"二字，并在其中融入东方武道文化和哲学思想，在"跆拳"后加一个"道"字，"跆拳道"

的名称由此而生。跆拳道名称的确立结束了唐手（近代跆拳道的称谓）、空手道及朝鲜古典武道各种名称混杂的局面，开创了跆拳道发展的新纪元。

1959 年韩国成立了"大韩唐手道协会"，朝鲜民族的武道跆拳道第一次走出国门，向国外介绍了跆拳道。跆拳道创始人崔泓熙将军率领韩国军队中最优秀的 19 名成员出访东南亚。

1961 年 9 月成立了"大韩跆手道协会"。

1962 年跆拳道被接纳为朝鲜业余体育协会的会员，首次列为全国体育比赛正式项目。

1963 年第 43 届大韩全国体育大会确定跆拳道为正式比赛项目。这期间朝鲜和韩国的大批跆拳道教练离开他们的祖国到世界各地传授跆拳道技能，使跆拳道在世界范围内发展和普及。这标志着跆拳道运动开始走向国际化。

1965 年 8 月设立"大韩跆拳道协会"（"大韩跆手道协会"后更名"大韩跆拳道协会"）。

1966 年成立了第一个国际组织——国际跆拳道联盟（ITF）。这是跆拳道历史上的第一个国际性机构。崔泓熙被选为主席，跆拳道正式进入了国际社会。

1971 年 1 月 17 日，金云龙任大韩跆拳道协会会长。1971 年 3 月 20 日，韩国朴正熙总统为跆拳道题词"国技跆拳道"。

1972 年 11 月 30 日，大韩跆拳道中央道场"国技院"在首尔成立。跆拳道进入了一个空前繁荣，迅速发展的新时代。

1973 年在首尔举办了第 1 届世界跆拳道锦标赛，会后 19 个国家的代表在金云龙博士的倡导下，成立了世界跆拳道联盟（WTF），同时金云龙当选为主席。世界跆拳道联盟（WTF）成立后，制定了一套相应的规章制度，大胆删改了传统跆拳道中类似于表演及实战性不强的技击内容，将其最符合现代竞技体育要求的、竞技性强的对抗性内容提炼成科学独立的教学、训练和竞赛体系，由此产生了新的跆拳道形式——竞技跆拳道。在此后的几年内，全球各地几乎都建立了有关跆拳道的各种组织和团体。1975 年，世界跆拳道联盟被接纳为国际体育联合会的会员。

1980 年世界跆拳道联盟获得国际奥委会的承认，跆拳道运动进入国际奥委会大家庭，开始为成为奥运会正式比赛项目而努力。

跆拳道于 1986 年列入亚运会正式比赛项目；1987 年进入泛美运动会、全非洲运动会及东亚运动会的正式比赛项目；1988 年、1992 年、1996 年 3 次列入奥运会表演项目；1994 年在法国巴黎召开的国际奥林匹克大会决议，跆拳道列入 2000 年悉尼奥运会正式比赛项目，设 8 枚金牌（男、女各 4 枚）。此外，跆拳道也是世界大学生运动会、友好运动会、南美运动会、南太平洋运动会、世界军人运动会等一系列国际体育赛会的正式比赛项目。每两年举办一次跆拳道世界锦标赛和世界杯比赛已形成定式，同时，世界各国每年还举办各种类型的公开、邀请赛及城市杯赛，丰富的赛事，为普及跆拳道运动和提高跆拳道运动技术水平提供了广阔的平台。

目前，世界上拥有两大跆拳道组织，一个是世界跆拳道联盟，一个是国际跆拳道联盟。世界跆拳道联盟倡导以竞技为主、品势为辅的符合现代奥林匹克精神的现代竞技跆拳道技术体系。而国际跆拳道联盟是一个非官方的民间组织，它恪守传统跆拳道的宗旨，倡导以品势修炼为主、竞技实战为辅的技术体系。这两大组织为跆拳道在世界各国的推广、普及并使之国际化做出了不可磨灭的巨大贡献。

世界跆拳道联盟是得到奥委会承认的机构，总部设在韩国首尔国技院，现有会员国140多个，目前世界跆拳道联盟主席由韩国人赵正源担任。迄今为止，跆拳道运动已在全球范围内得到了空前的普及和发展，风行全球188个国家和地区，参与练习者达7 000万人。

七、跆拳道在中国的发展

20世纪80年代末，韩国跆拳道组织及从事中韩文化体育交流的友好人士，从不同渠道将跆拳道介绍到中国。在这期间，国际跆拳道联盟总裁，跆拳道创始人崔泓熙将军认为在中国普及跆拳道意义重大，他很早就非常重视在中国普及跆拳道的事业。

1986年6月，他随国际跆拳道代表团访问了中国。代表团成员共30人，其中跆拳道表演选手男17名，女7名。代表团在北京、西安、济南等地表演了跆拳道。精彩的演武轰动了各个城市，掀起了一阵跆拳道旋风。当时的中国奥委会主席何振梁，中国武术协会主席徐才等有关负责人与崔泓熙将军进行了亲切友好会谈，他们肯定了跆拳道作为武道的惊人威力。会谈中他们表达了中国要发展ITF正宗跆拳道的愿望并希望崔泓熙将军给以帮助。中国武术界领导人还诚恳地向崔将军请教了跆拳道在世界普及和发展的宝贵经验，崔将军的几项真诚建议为日后成立国际性武术组织起到了重要作用。此次巡回演武交流不但在中国播下了跆拳道的种子，还得到了中国政府有关方面领导人的积极肯定。之后，崔泓熙将军多次亲自访问中国，并教授过跆拳道的真髓。十多年来，许多国际跆拳道联盟的高级师范不断地来到中国，为教授跆拳道作出了巨大贡献。

1992年10月7日，中国跆拳道协会筹备小组成立，这标志着我国跆拳道运动的正式开始。1994年5月，在河北正定开设了首届全国跆拳道教练员和裁判员学习班。

1994年9月，在云南昆明举行了第1届全国跆拳道比赛，当时有15个单位，共150名练习者参加了比赛。由于我国跆拳道起步较晚，招收的第一批运动员大多是半路出家，我们的运动员水平与韩国、美国及欧洲的一些起步早、基础好的国家的运动员相比，存在较大的差距。

1995年5月，共有22个单位250名练习者参加了在北京体育大学举行的第一届全国跆拳道锦标赛，从此跆拳道在中国迅速发展起来。1995年8月，中国跆拳道协会正式成立了，魏纪中当选为第一任协会主席。1995年11月，中国跆拳道协会被世界跆拳道联盟接纳为正式会员。中国跆拳道创立之初，给自己的定位是"智慧型的格斗项目"，发展方向是"博采众长，吸取我国各优势项目之长，解放思想，大胆创新，走自己的路"。一些优秀的教练员和运动员对跆拳道事业兢兢业业，他们一方面聘请大批的外国专家进行交流学习，另一方面深入研究国内外先进技战术，在此基础上进行大胆创新，形成了独具特色的中国跆拳道。此后，我国跆拳道竞技水平有了很大的提高，1997 年 11 月，在香港举办的世界跆拳道锦标赛上，我国选手黄鹂在女子 43 公斤级的比赛中获得银牌。

1998 年 5 月 17 日，在越南举办的第 13 届亚洲跆拳道锦标赛上，我国选手贺璐敏为中国赢得了第一枚亚洲跆拳道比赛金牌，实现了我国在正式国际比赛中金牌"零"的突破。这次比赛，共有来自亚洲的 22 个国家和地区的约 240 名选手参加，其中有世界一流强队韩国、中国台北、伊朗等。中国跆拳道队获得了 1 金 1 银 5 铜的佳绩，其中女队获得团体总分第 3 名。

1999 年 6 月 7 日，在加拿大举行的世界跆拳道锦标赛上，我国女选手王朔战胜多名世界跆拳道高手，获得女子 55 公斤级冠军，这是我国跆拳道运动员获得的第一个世界冠军。2000 年 9 月 30 日，在悉尼奥运会女子跆拳道 67 公斤以上级比赛中，我国选手陈中力克群雄获得冠军，这是我国获得的第一枚奥运会跆拳道金牌。

2004 年 8 月 29 日在雅典奥运会上中国选手陈中、罗薇分别夺得女子 67 公斤以上级和 67 公斤级金牌，创造了中国跆拳道的新纪录。继雅典奥运会之后，2005 年 4 月 14 日，在西班牙举行的世界跆拳道锦标赛上我国选手王莹获得 51 公斤级金牌。2007 年 5 月，在北京举行的世界跆拳道锦标赛中，中国选手吴静钰获得女子 47 公斤冠军，陈中获得女子 72 公斤冠军。2008 年 4 月 26 日至 28 日，在河南洛阳举行的第 18 届亚洲跆拳道锦标赛上，我国男、女运动员共获 4 枚金牌 2 枚银牌 5 枚铜牌。其中男子选手刘哮波获得了 84 公斤以上级冠军，实现中国男子历史性突破。2008 年 8 月 20 日至 25 日，在中国北京举行的第 29 届奥运会上，中国代表团获得 1 枚金牌 1 枚铜牌。女运动员吴静钰获得 47 公斤级金牌，男运动员朱国获得了 80 公斤铜牌，实现中国男子奥运会历史性突破。

目前，跆拳道已列为世界大学生运动会、全国运动会、全国大学生运动会、全国城市运动会等综合性比赛的单项赛事，已经发展成为一种集力学、心理、哲学、医学为一体的体育运动项目。进入了体育化、制度化、科学化、规范化、具体化的发展阶段，跆拳道更趋于完善。

现在开展跆拳道运动，要在"古为今用，洋为中用"的原则下，利用辩证法的观点，取其精华，去其糟粕，运用我中华浩瀚武学来补充今日跆拳道的不足。运用我国武术的优点，融合跆拳道的优势，使之发扬光大，在技击技术、理论水平的研究上都要来一个飞跃，使之成为具有中国特色的跆拳道运动。

第二节　跆拳道的特点和作用

修炼跆拳道能培养练习者吃苦耐劳、锐意进取、谦虚好学、内外兼修、注重礼仪的风格，具有强身健体、修身养性、观赏娱乐等多方面的作用，习练者始终把"礼"作为训练内容，所以深得人们喜爱。

一、跆拳道的特点

跆拳道是朝鲜民族的传统竞技体育项目，具有其鲜明的特点。

（一）科学、实用

跆拳道的所有动作都以自己的防卫本能为基础，从消极的防御状态过渡到积极的进攻意识，培养练习者果断进取、顽强拼搏的作风。跆拳道训练把身体各部位利用科学的原理与实践相结合，充分地武器化，可使手脚练成可畏的武器，随时能爆发出最大的攻击能力。为了不断提高跆拳道运动技术水平，国际跆拳道联合会和世界跆拳道联盟都成立了专门的特别技术委员会，吸收了古代朝鲜武术的精华，并糅合了世界各国的技击术，摒弃了那些华而不实和有悖身体健康的训练方法。每个动作都力求简单、直接、自然，追求动作的力量、速度和攻击效果，进一步突出了跆拳道固有的技击性、实用性和科学性。只要经过严格、科学、系统的训练，不必花费太多的时间和精力，你就能掌握跆拳道技击术。跆拳道堪称是体育爱好者强身抗暴立竿见影的最佳选择。

（二）文化内涵突出

跆拳道运动在长期的发展过程中，融入了大量的东方文化。它是传统武艺与本土文化的结合，尽显东方哲学、武艺文化的内涵，与西方搏击类的运动项目相比有很大的不同。运动中的进攻与防守，勇敢与内敛等所彰显的矛盾与统一，以己之长克彼之短，灵活地运用各类攻防技术；场上节奏快慢有序、动静结合，攻击、防御、后退、前进等搏击中所展现的速度、力量、柔韧，品势的形神兼备、内外合一。运动中所表露出的深层次文化哲理，极大地丰富了跆拳道运动内容。因大众对其文化与运动形式的认同，跆拳道运动深受群众喜爱。

（三）以腿为主，以手为辅

跆拳道技术中，腿法所占的比例是整个跆拳道技术体系的80%左右，这是跆拳道运动的鲜明特点。在实战比赛中，腿的攻击力量远远大于手，而且腿法攻击范围广，威力大。是跆拳道比赛中主要的得分手段。另外，竞技跆拳道的比赛规则对腿法使用有着积极的鼓励作用，在竞技跆拳道比赛中，只允许使用一种拳的方法进攻或反击，而且得分率很低，这无疑提高了运动员腿法的使用率。但在竞赛规则以外的跆拳道实战中，人体的一些主要关节都可以作为攻击对手的武器。这便构成了跆拳道运动的鲜明特点，即以腿为主，以手为辅的运动模式。

（四）以刚制刚，直来直往

在跆拳道的实战中，多使用拳、掌、臂等格挡防守，随即以连续快速的腿法组合连击，或直接去打，或接触防守，很少使用闪躲避让法。用简明硬朗的方法直接去打击对方，追求以刚制刚、硬拼硬打，尽可能保持或缩短双方的距离，进攻或反击时的动作路线多为直线，方法简练，强调击打的有效性。因此，技击方法简捷实用，动作刚直相向是跆拳道运动的又一特点。

（五）内外兼修，功法独特

跆拳道训练是在赤手空拳下进行的。经过专门的训练，练习者的关节部位能够发挥常人难以具备的威力，尤其是手和脚的功力。这是意念与动作在长时期的彼此渗透中产生的综合效应，使人体达到"内外合一"的境界，即内力与外力、精神与劲道的协调统一。

（六）以击破为测试功力的手段

跆拳道在向外推广时，大多是以击破方式向人们展示其威猛无比的功夫，其方法是用拳、掌或脚分别击碎木板、砖瓦，以此检验和测试练习者的功力。这种独特的方法现已成为跆拳道训练、晋级升段、表演比赛的一个主要内容。

（七）发声扬威，强调气势

跆拳道练习时，无论是品势练习，还是比赛训练，都要求训练者给人以气势上的震慑。多以发出洪亮并有威慑力的声音来显示自己的功力。那么发声有什么作用呢？这里可以归纳为四点：第一，通过发声可以提高自己的注意力，提高大脑皮质的兴奋，从而更好地完成训练或比赛；第二，有关专家研究表明，洪亮的喊声可以增强人的爆发力，以声催力来加大技术的杀伤力；第三，通过发声可以提高自己的斗志，在气势上压倒对手，从而达到在心理上战胜对手的目的；第四，在竞技比赛中运动员通过发声配合击打效果来得到裁判员的认可，达到得分的目的。

（八）技术简单实用，易于推广

跆拳道技术简单，技术种类不是很多，虽手脚并用，但以腿为主。各种最基本的简单技术，如横踢等易于为初学者学习与掌握。而简单技术的不同组合、同样技术的不同路线，却可适时产生不同的攻防效果，非常实用。无论是作为竞技比赛还是防身自卫，学员都可根据本人的身体素质基础、原有运动经验、训练水平等选择不同的技术进行不同程度的学习与训练。另外，还可根据学员的年龄、性别及学习目的，配以相应的练习内容，易于不同人群学习掌握，便于普及提高。跆拳道的练习形式不仅有自娱健身的品势，还有竞技对抗性很强的搏击，以及特技踢法表演和功力击破等。除正式比赛外，跆拳道对练习场地、器材没有特殊要求，相对其他运动而言，不受时间、地点、季度的限制，容易满足。练习者可以根据条件因地制宜，灵活安排，因此跆拳道具有广泛的群众体育适应性。这也是跆拳道运动在很短的时间内，就在世界范围内得到普及和发展的原因之一。

（九）以礼始、以礼终，培养良好的道德品质

跆拳道修炼者始终把"礼"作为训练内容之一，强调以礼始、以礼终，即训练是从行礼开始以行礼结束，并突出爱国主义精神。跆拳道的礼仪不只是形式上的表现，而是要发自内心地实施它，并在长期练习和比赛的过程中逐渐将礼仪的形式转化为心理动力。

跆拳道敬"礼"动作的具体要求：面向对方直体站立，向前屈腰 15°，头部前屈 35°左右。此时两手紧贴两腿，两脚跟并拢。

"礼"是跆拳道深层内涵的精神表现。跆拳道练习虽然是以双方格斗的形式进行，但是不管它怎样激烈，由于双方都是以提高技艺和磨炼意志品质为目的，所以在双方各自内心深处都必须持有向对方表示敬意和学习的心理。因此，在练习或比赛前后都一定要向对方敬礼，即跆拳道运动始终倡导的"以礼始、以礼终"的尚武精神。"礼"应是每一位跆拳道练习者都必须学会的。由于跆拳道是对练习者精神和身体的综合修炼，使练习者在艰苦的磨炼中培养出理想的人格和体魄，并能够真正掌握防身自卫的本领，因而对练习者的精神锻炼一环中就必须包括"礼仪"的教育和熏陶。"礼仪"是跆拳道运动必不可少而且十分重要的组成部分，因此，可以说一名训练有素的跆拳道练习者，必须具备两个基本素质：一是要具备高超的技艺；二是要具备良好的礼节。在练习时，练习者要衣着整齐，头发整洁，对教练、同伴时刻都要表现出恭敬、服从、谦虚、互助互学的心态。最常用的礼节表示方式是向教练、同伴敬礼。训练时，进入道馆后，以端正姿势向国旗敬礼，然后按馆长、教练和长辈的顺序依次向他们敬礼。运动过程中道服松开时，停止运动，转身背向国旗、会旗和教练员及同伴整理道服，整理好后再转回原来方向。训练之余，无论是在学校或家中谈话、用餐、打电话、介绍他人或访问亲友时，都要按一定的礼节进行，将礼仪意识带到日常生活、学习及工作的各个方面，培养克己礼让、宽厚待人和恭敬谦逊的道德品质。

总之，作为一名跆拳道运动员和爱好者，不管在任何时候，始终要贯彻一个"礼"字。只有这样，才符合跆拳道的精神，才有利于跆拳道的正确发展。随着练习者技术水平的提升，道德修养也不断地加深。练习者通过向老师、长辈、教练员、队友鞠躬行礼，

养成发自内心的礼仪习惯，形成谦虚、谨慎、友好忍让的态度和互相学习的作风，培养其坚韧不拔的意志品质和拼搏向上的精神。

（十）竞技与观赏性强

跆拳道运动竞技对抗性强，比赛场面激烈。竞技实战中，双方选手不仅是实力的较量，还是智慧的较量，两者的紧密结合更增添了竞技的激烈程度，增进了现场观战群众对比赛的了解，增强了趣味性。近年来，随着跆拳道技术的提高，各种不同组合的高超踢法体现了柔韧性、爆发力及力与美的最佳结合，壮美舒展，所呈现的魅力引人入胜，很受群众的欢迎，具有较高竞技观赏价值。

（十一）技术体系完善，符合奥林匹克精神

跆拳道在发展过程中，不但保留了传统跆拳道技击术，而且还将其他国家的技击术与跆拳道融为一体，不断充实和完善跆拳道的发展。推广中，技术上以踢法为主，严格控制拳法的击头动作，坚决禁止摔法的运用，主张以踢法为项目的未来发展方向。

高水平跆拳道比赛中所展现出来的强悍——攻防的转化、高超的技艺、拼搏的精神、斗志斗勇的意识，以及在赛事组织和包装等方面体现出来的浓郁的武道文化元素，不仅给人们带去强烈的视觉冲击，而且还带给人以情感的震撼和美的享受。安全是跆拳道竞技比赛的指导思想，在实际的训练和比赛中，严格惩罚运动员违规动作的运用，在这种完善的竞赛规则指导下，运动员既能充分发挥技术水平，且伤害事故又少，体现了当今体育运动的宗旨。也正因为如此，跆拳道进入奥运会大家庭后，很快被认可，成为世界上最受欢迎的搏击类体育运动项目之一。

二、跆拳道作用

跆拳道是一项非常激烈的搏击运动，它是以东方的伦理道德为精神底蕴，修身养性，培养良好的意志品质和道德修养，练就健全的体魄，使人体发挥最大力量的东方搏击术。它的作用主要有这样几个方面。

（一）强身健体，防身自卫

因为跆拳道是一项非常激烈的搏击运动，而使人体通过锻炼能够发挥最大力量进行搏击。其动作符合人体生理的特点，是应用人体的骨骼、肌肉、关节的活动来调整身体的，它是一种全身性的活动。加之跆拳道在修炼过程中有合理的阶段性和严谨的科学性，因此，经常从事跆拳道练习的人，可以有效地提高机体的速度、灵巧、敏捷、柔韧、无氧的爆发力和持久的有氧代谢能力，从心理上提高运动员顽强的斗志和意志品质。

跆拳道把人类生存的意识和防卫的本能，用外在的形体动作强有力地表现出来，把人内在的精神和意识强化地统一起来。跆拳道训练是体能、智能与精神的完美结合，可

以培养塑造出一个强而有力的人，使人身体健康、精力旺盛、意志坚定、精神振奋、充满朝气和富有创造精神。跆拳道也是当今都市流行的一种时尚健身运动，许多青年人将跆拳道视作健身强身的运动加以练习，不少女孩子甚至将跆拳道训练作为健美身材的手段，都收到了良好的效果。

随着人类文明的发展，人们不断追求更多更强更广泛的需求。人体的健康是全人类共同追求的一个目标，有了强健的身体，就能从事有意义的活动，从而创造价值和带来财富。从这个意义上来说，修炼跆拳道的作用是显而易见的。跆拳道训练可提高人体各项素质，攻防配合练习和实战训练，可增强练习者防身自卫的能力，使全身各部位随时都能爆发出最大的攻击力量，在任何情况下都能运用自己的"随身武器"攻击敌人，保护自己，捍卫自己的人格与尊严。同时，也是见义勇为、打击邪恶、伸张正义的有力武器。

（二）修身养性，磨炼意志

跆拳道的练习过程本身就是一个内外兼修的过程。练习中，推崇"以礼始、以礼终"的尚武精神，要以"礼义廉耻，克己忍耐，百折不挠"的跆拳道精神为宗旨。在这种跆拳道精神的指导下，练习者可以养成顽强果断、吃苦耐劳的好习惯，磨炼坚韧不拔、积极向上的意志品质，形成礼让谦逊、宽厚待人的美德及高尚的爱国主义情操。

作为一名优秀的跆拳道选手，必须具备良好的意志品质和道德修养。跆拳道对道德修养和意志品质的考验是多方面的。练习跆拳道品势（套路），首先要过基本功和身体素质这一关，克服"疼痛难忍关"，要有滴水穿石的精神，且持之以恒，树立坚持不懈的意志品质。在品势练习时，要克服"枯燥关"，培养吃苦耐劳、奋力拼搏、永不自满的精神。练习实战及功力检测时，要过"畏惧心理关"。特别在实际格斗时，遇到强手要克服"消极逃避关"，锻炼敢打、敢拼、坚韧不拔的战斗意志。跆拳道训练常将人的体能练到极限，使练习者能忍受常人所不能忍受的痛苦，克服自身惰性和软弱，从而战胜自我，超越自我。训练人拥有坚忍不拔、百折不屈、进取拼搏的个性和精神，使人在日常生活和社会领域中发挥领导带头作用，而这种能力与坚强的精神会给人带来信心、勇气。拥有勇气与胆量则能使人产生正义感，追求和平、维护正义和社会安定。这样就使人沉着、克制，使人产生一种忍耐克己，谦虚宽容的高尚道德品质。练习跆拳道不仅仅是修炼手和脚的功夫，不仅仅是为了强身和防身自卫，不仅仅是为了比赛和表演，更主要的应是经过长期艰苦的磨炼，在时间和汗水中磨炼意志、健全精神、塑造理想的人格。因为人的能量是有限度的，人的功夫也是有局限的，而人的思维意识是无限的，精神则是永恒的。

（三）娱乐观赏，享受击打艺术的美感

跆拳道是一项具有观赏性的运动项目。在功力检验中，运动员轻松击破木板、砖瓦

使人为之惊叹。跆拳道技术具有较高的艺术性。在练习跆拳道时，练习者身穿白色道服，系着不同颜色的腰带，展现出不同的身体姿势和不同的演练节奏，刚劲有力的动作时常结合吐气发声，给人以整洁美和威武的阳刚之美。在击破表演中，赤手光脚击碎坚硬的木板或砖瓦，表现出跆拳道技法惊人的杀伤力，体现出人体的无穷潜力和跆拳道技击的功力美。比赛场上双方斗智斗勇、拳脚翻飞，形成飞动惊险的实战竞技美。这些说明了跆拳道具有较强的观赏性和感染力，具有耐人寻味的东方武技特色。观赏跆拳道比赛和表演不仅能得到美的享受，还能激发人的斗志，鼓舞人奋发向上、努力进取的精神，陶冶人的道德情操。

（四）超越平凡走向成功

通过跆拳道的训练，能使练习者体形健美，充满朝气与活力。使人沉着、自信、积极、乐观、豁达、谦逊，从而具备超凡脱俗，与众不同的高雅气质。学习跆拳道的实质就是学会三种方法：一是做人处世的方法（热情、乐观、彬彬有礼）；二是战胜自我的方法（克服懒惰、软弱、自卑）；三是学会走向成功的方法（快速、荣誉、进取、自强不息）。

第三节　跆拳道的礼节、服装与段位

一、跆拳道的礼节

古语道："你敬我一尺，我敬你一丈。"这说的就是一种待人处世的态度，与跆拳道倡导的"以礼始、以礼终"的要求不谋而合。跆拳道的理论认为一个跆拳道的武士，他的言行举止要体现着他本人的道德素养和人格品性。

为了让每位学员在训练中养成谦虚、忍让、克己、恭敬、纯朴、坦诚、服从的人格素养，跆拳道制定了一些礼节、礼仪来约束、规范大家的行为，让人们在一种外在形式的约束指导下，学会了尊重别人，同时也学会了尊重自己。跆拳道运动始终倡导的"以礼始、以礼终"的尚武精神。由于跆拳道是练习者精神和身体的综合练习，使练习者在艰苦的磨炼中培养出理想的人格和体魄，并能够真正掌握防身自卫的本领，因而对练习者必须包括礼仪的教育和熏陶。跆拳道的"礼仪"是跆拳道基本精神的体现，也是跆拳道练习者需要修炼的内容之一。跆拳道的礼仪不只是形式的表现，而是要发自内心地进行。跆拳道是以对抗为表现形式的运动，训练或比赛中，无论怎样激烈地打斗，运动员双方都是以提高运动技术水平、磨炼意志为目的的，因此，参加跆拳道比赛的运动员都要有向对方表示尊重和学习的心态。做到场上是对手，场下是朋友，这就是跆拳道运动始终倡导的"以礼始、以礼终"的精神。礼节也是每一位跆拳道习练者在接触跆拳道运动时的第一堂课，练习者只有树立明礼谦虚的学习态度，才能够获得理想的人格和健康的体魄。

礼节是跆拳道练习过程中必须具有的行为规范。练习跆拳道的人要持正确的练习和认识态度，对跆拳道的历史、内容、特点、作用及教育意义有全面的了解和认识。忍让和友好的态度、虚心和好学的作风是跆拳道练习者应遵循的重要礼仪。

礼仪不只是形式上的表现，而是要发自内心地实施它，在长期练习和比赛的过程中逐渐将礼仪的形式化为心理动力。最常用的礼仪表示方式是向教练、同伴敬礼。通过长期的运动锻炼，可以使锻炼者将礼仪意识带到练习者生活、学习及工作的各个方面，培养克己礼让、宽厚待人和恭敬谦逊的道德品质。参加跆拳道训练时的礼节具体表现如下。

（一）练习时的礼节

练习者进入场地时，首先向老师敬礼。跆拳道中最常用的礼节是向教练员、队友、长辈行鞠躬礼，具体方法是：面向对方直体站立，向前屈腰15°，头向前屈45°；此时双手紧贴两腿，两脚跟并拢。

（二）教学课上的礼节

（1）练习者衣着端正，头发整洁，对教练员和队友都要表现出恭敬、服从、谦虚、互动互学的心态。

（2）进入道馆时，首先向国旗敬礼，方法是：将右手掌放于左侧胸前，成立正姿势，目视国旗2～3秒，然后向教练员行鞠躬礼。

（3）两人一组进行练习时，首先应相互敬礼，练习结束后，再次相互敬礼。

（4）训练中如果有事请假，应首先向教练员敬礼，再说明理由。

（5）训练中服装或护具脱落，应背对国旗和教练员，整理整齐后再恢复训练。

（6）训练结束后，首先向国旗敬礼，然后向教练员敬礼，离开道馆时再次向国旗和教练员敬礼。

（三）参加比赛时的礼节

1. 个人比赛时的礼节

（1）个人比赛开始时的礼节

运动员走入场地时，应向裁判员及教练员敬礼，待场上主裁判"立正""敬礼"的口令下达后，比赛双方运动员相互敬礼，然后主裁判发出"准备""开始"的口令后方能进行比赛。

（2）个人比赛结束时的礼节

比赛结束时，双方运动员到各自的位置相对站好，待主裁判发出"立正""敬礼"的口令后双方相互敬礼，然后面对裁判长席等待宣布比赛结果。比赛结果宣布结束后，向裁判长席、场上裁判员及对方教练员敬礼，然后结束比赛。

2. 团体对抗赛的礼节

（1）比赛前的礼节

首先，青、红两队全体队员按名单顺序面向裁判席，成纵队站立，然后两队运动员依主裁判"敬礼"口令，向裁判席敬礼。

（2）比赛结束后的礼节

当最后一对运动员比赛结束后，两队全体运动员立即进入竞赛区相对站立，待主裁判发出"立正""敬礼"的口号后，相互敬礼，然后两队依主裁判口令先向监督官立正站好，再向陪审敬礼。

（四）日常生活中的礼节

日常生活中，无论是在学校或家中谈话、用餐、打电话、介绍他人或访问亲友时，对教师和长者都要按一定的礼节进行（行鞠躬礼），接送物品要按规范礼仪进行，如双手接物要同时行鞠躬礼，单手接送物品时，行鞠躬礼的同时，另一手要掌心向下置于接送物的手臂肘关节下方等。每一个练习者要将礼仪意识带到练习者生活、学习及工作的各个方面，锻炼人克己礼让、宽厚待人和恭敬谦逊的道德品质和中华民族尊老爱幼的优良品质。

二、跆拳道的服装

参加跆拳道比赛时，运动员必须穿戴由世界跆拳道联盟规定的统一服装（包括护头、护胸等道具），平时训练时须穿跆拳道道服。

三、跆拳道的段位

（一）跆拳道的段位划分

所谓段位是跆拳道的技术等级，更是跆拳道练习者的目标和动力，练习者通过升级和考段不断地完善自己。跆拳道练习者水平的高低以"品""级""段"来划分。品位分为1品至3品，级位分为10级至1级，段位分为1段至9段。如果15周岁以下的练习者达到了1段至3段的水平，则授予1品、2品、3品技术等级证书而不是段位证书。1品至3品位的获得者满15岁后可更换相同的段位证书，3品获得者18岁后可申请4段。10级选手是最初级的初学者，通过相应的时间及课程的训练，逐步上升至9级、8级、7级……直至达到较高水平的1级。1级以后进入段位，1段至3段为黑带新手的段位，4段至6段属高水平段位，7段至9段只能授予具有很高学识造诣和对跆拳道的发展做出重大贡献的杰出人物。

跆拳道有着严格的晋级升段考核要求，每个级别和段位都有具体的动作要求和考试内容。进入每一级别和段位都要进行考试，合格后才能进入下一级位和段位的学习（初学者练习 3 个月后自动晋升至 9 级，或由所在专业性团体会员自行组织考试）。从 1 段到 3 段是黑带新手的段位，称为副师范；4 段到 6 段为高水平段位，称为师范；7 段至 9 段是授予那些有很高学识造诣或为跆拳道发展作出杰出贡献者的段位，其中 7 段和 8 段者称为师贤；9 段为最高段，称为师圣。只有黑带才称为段，黑带以下称为级；10 个等级各代表的水平不同，初学者只有从 10 个级别中的 10 级开始晋升至 1 级，然后才能入段。10 个级别划分如下。

10 级为白带。表示空白，根本没有跆拳道知识，也就是处于入门阶段。

9 级为白带加黄杠。

8 级为黄带。表示大地。草木在大地生根发芽，意味着开始学习基础动作，正处于基础阶段。

7 级为黄带加绿杠。

6 级为绿带。表示草木。成长中的绿色草木，意味着正处于技术进步阶段。

5 级为绿带加蓝杠。

4 级为蓝带。表示蓝天。草木向着蓝天茁壮成长，意味着进度达到相当高的阶段。

3 级为蓝带加红杠。

2 级为红带。表示已具备相当的威力，意味着克己和警示对手不要接近。

1 级为红带加黑杠。

黑带的段位是通过黑带上的特殊标记区分的。另外，区别跆拳道的段位还要看道服上的标记：1 段至 3 段的道服边有黑色带条，四段以上道服的衣袖和裤腿两边有黑色带条。

（二）跆拳道段位的晋升

1. 段位晋升的年限要求

跆拳道入段后，除 1 段要经过 1 年半的练习后才能进入 2 段外，以后每经过 1 年的练习时间，只要考核合格都可晋升 1 个段位。一般几乎没有升至 7 段、8 段或 9 段的，这只授予极其杰出和优秀的人。参加晋升考核时平均考核成绩达 60 分就可通过，每超过或低于 10 分的将相应升位或降位。

2. 段位晋升的考核要求

（1）考核要求

1 段至 3 段的晋升考核，须由国家跆拳道协会、分会或竞赛委员会进行考核。4 段至 8 段的晋升考核须由世界跆联晋升委员会或其委托的组织进行考核。晋升 9 段须由世界跆联组成一个特别委员会进行评审。

（2）考核内容

①升段考核内容：技术水平、功力测验和品势演练分别为 1 段演练高丽型；2 段演

练金刚型；3 段演练太白型；4 段演练平原型和十进型或地跆型；5 段演练天拳型；6 段演练汉水型和一如型。

②晋级考核内容：技术水平、功力测试和品势演练，10 级至 9 级考核跆拳道基本知识和基本技术；8 级至 4 级考核太极一章至太极五章的品势练习和较难的基本技术及条件实战；3 级至 1 级考核太极六章至太极八章及高丽型的品势练习以及实战水平。

第四节　学习跆拳道的注意事项

一、加强礼仪和武德修养

跆拳道的修炼过程是一个内外双修的过程，讲究礼仪、廉耻、克己、忍耐、百折不屈的跆拳道精神，也可以说这种精神是跆拳道运动的灵魂，要练就上乘的功夫，也要在道德方面达到较高的境界。武德是指尚武崇德的精神，武德从伦理学的角度来理解，它不仅是个人体现武术伦理规范的主体和意义，侧重于个人意志的选择，而且还包含了整个武术活动及参与其他社会活动时的秩序和规范。并且，个人的武德只有适应社会实践才能决定其品格的提升或下落，武德也只有在社会共识的秩序规范中，才有实践的价值和意义。这是评价跆拳道修炼者道德水平的标准。学习跆拳道的目的不仅是追求强健的体魄、自强不息的尚武精神，更是培养宽厚谦让、诚实守信、除暴安良、扶助弱小的道德修养。因此，学练跆拳道必须加强品德修养，树立助人为乐、见义勇为的良好风尚，切不可恃强凌弱、打架斗殴、肆意闹事、违反社会公德。

二、树立坚韧不拔的意志和持之以恒的学习态度

跆拳道是一项既复杂又难练的体育项目，学习的过程中将遇到各种各样的困难，如伤痛、疲劳等。在这些困难面前只有树立坚韧不拔的意志品质和持之以恒的学习态度，潜心钻研，才能不断提高自身的武技。

三、练习前准备活动要充分

练习跆拳道或参加比赛前应做充分的准备活动，准备活动的时间大约在 20～30 分钟，内容包括跑步、关节操、游戏、拉韧带等。通过充分的准备活动使各韧带、关节充分拉伸灵活，提高神经与肌肉的兴奋性，有效地克服内脏器官的生理惰性，使肌体各器官处于兴奋及运动状态。切不可没有做准备活动就进行剧烈的运动，以免造成关节、肌肉、韧带的拉伤，影响正常的训练甚至生活。因此，做好充分的准备活动是避免运动损伤的有效手段。

四、遵循循序渐进原则，不可舍本逐末

学习跆拳道最重要的一个原则就是系统性。正确、科学、合理地安排学习训练计划才能够较好地掌握跆拳道技术，切不要贪多、图快，否则欲速则不达。如在学习的过程中，还没有学习防守技术，就进行实战练习，这样不但不能进步，反而容易造成运动损伤，影响学习进度。

五、要具备自我保护能力

学习跆拳道必须经历的过程就是实战，如果在没有穿护具的情况下进行实战是很容易受伤的。因此，在实战练习时穿戴护具是较好的自我保护措施。护具包括护胸、护腿、护裆、护头等。有条件者最好在垫子上进行练习，无条件者可在平整的场地上进行练习。

六、训练结束后要进行全面的放松

训练结束后，人体的各种生理机能还维持在一个较高的水平，需要有一个由高到正常的调整过程。全面地进行放松整理，能有效地消除疲劳，消除代谢产生的乳酸，缓解肌肉疼痛。

第二章
竞技跆拳道的基本技术

第一节　跆拳道技术中使用的攻防部位

　　竞技跆拳道是随着时代的进步和竞技体育的发展而产生的，它是一个在一定的规则限制下，互以对方技击动作为转移，以切磋技艺、增进友谊、提高竞技水平为目的的对抗性体育竞赛项目。按照技术形式划分，竞技跆拳道的基本技术可以概括为三类，即进攻技术、防守技术和防守反击技术。无论是初学者还是奥运冠军，精确的基本技术练习与强化都是有必要的。基本技术的好与坏不但关系着跆拳道技术的深入学习，而且会影响战术的发挥和比赛的胜负。可见，要想系统地学习跆拳道，基本技术是关键。本章将重点介绍跆拳道的基本技术，先从了解攻防部位开始。

　　以脚为主，以手为辅是跆拳道的技术特点，因此，跆拳道的攻防部位也重点体现在手和脚两个区域，手的攻防包括拳和掌两个部位，脚的攻防包括脚背、脚掌和脚刀等部分。下面分别予以介绍。

（一）手

　　传统跆拳道中关于手的使用可以包括拳、掌、指、臂和肘五个部位，其中只有拳的攻防在竞技跆拳道中有所体现，其他的攻防手法只有在品势和日常生活中的搏击格斗中才会有所体现。

　　1. 拳

　　拳的用法在传统跆拳道中是很广泛的，主要是用来攻击对方的面、胸、腹等部位。但在竞技跆拳道中的使用是受到限制的。

（1）正拳的握法

四指并拢，向内卷曲握紧，拇指内屈压紧在食指和中指的第二关节处（见图 2-1），拳面要平（见图 2-2）。

（2）与拳相关的动作术语及握法和用法

拳面：是指握紧拳后的正面部分（见图 2-3）。握法主要是利用拳面直接进攻对方，力点是拳面。

拳背：是指握紧拳后拳的背部（见图 2-4）。这种握法主要是利用拳背抖腕上挑和侧向的摆动击打，力点是拳背。

拳轮：这种握法也称为锤拳，是指握紧拳后小指以下腕关节以上的部位（见图 2-5）。这种握法主要是利用拳轮由上向下捶击对方，力点是拳轮。

瓦楞拳：手指的第二关节卷屈突出关节部位，拇指扣于虎口处，其余四指指尖紧贴手掌（见图 2-6）。这种握法主要是利用突出的关节处攻击对方的鼻、眼、颈等部位，力点是关节突出的部位。

指节拳：是指握紧拳后，使食指或中指的第二关节突出形成的部位（见图 2-7、图 2-8）。这种握法主要是利用突出的关节处攻击对方的鼻、眼、颈、上唇、太阳穴、肋等部位，力点是关节突出的部位。

图 2-1　　　　图 2-2　　　　图 2-3　　　　图 2-4

图 2-5　　图 2-6　　　　图 2-7　　　图 2-8

2. 掌

（1）手刀与背刀：拇指内扣贴近食指，其余四指并拢伸直，此时小指的外侧沿线部位形成手刀（见图 2-9），拇指的外侧形成背刀（见图 2-10）。手刀与背刀在实战中主要用于砍击或截击对手。

（2）掌根：掌根也称熊掌。五指的第二指关节弯曲，拇指内扣（见图 2-11）。掌根主要用于击打对方头部、面部、下颌及锁骨。

（3）底掌：底掌也称弧形掌。拇指展开微屈，其余四指并拢，第一指关节微屈，掌成弧形（见图2-12）。底掌可在搏击实战中捎击对方的颈部或用掌根底部攻击对方。

（4）贯手：贯手的手形与手刀相似，拇指内扣贴近食指，中指微屈，基本保持四指尖平齐（见图2-13）。贯手主要用于戳击对方要害部位。

（5）二指贯手：二指贯手又称剪形指。食指与中指伸展成V形，拇指压扣在无名指的第二关节处（见图2-14）。二指贯手主要用于插击对方的眼睛。

3. 臂

臂的使用包括腕部和肘部。

（1）腕部：是指腕关节的四周部位。即用腕关节的内、外、上、下四个部位进行格挡防守。

（2）肘部：是指大、小臂之间的骨连结——肘关节部分（见图2-15）。由于肘关节距身体中心近、运动灵活，属较大肌群工作关节，因而肘的进攻威力极大，亦可用于格挡防守。

图2-9　　　　　　图2-10　　　　　图2-11　　　　　图2-12

图2-13　　　　　　图2-14　　　　　图2-15

（二）脚

竞技跆拳道使用脚攻击的部位是踝关节以下的部位。由于跆拳道中腿法技术较多，以脚的某一部位为力点的技术也相对丰富，具体有以下几个部位。

1. 前脚掌

前脚掌是指脚底前部的骨和肌肉部分（见图2-16）。以前脚掌为力点的攻击在实战中很少体现，一般用于推踢、前踢等腿法技术。

2. 后脚掌

后脚掌是指脚底后部的跟骨下缘和肌肉部分（见图 2-17）。多用于蹬、踢等动作。

3. 正脚背

正脚背是竞技跆拳道比赛中用于攻击对手的关键部位，是指踝关节以下至第一趾关节以上的部位（见图 2-18）。多用于横踢、飞踢、跳踢等技术，具有击打距离远、击打力量大的特点。

4. 脚刀背

脚刀是指脚底和脚背相连接的脚外侧边缘部位（见图 2-19）。多用于侧踢等技术。

5. 脚后跟

脚后跟指脚后部踝关节以下的部位（见图 2-20）。多用于后踢、后旋踢等技术。

图 2-16　　　　　图 2-17　　　　　图 2-18　　　　　图 2-19　　　　　图 2-20

第二节　实战姿势与步法

实战姿势也称准备姿势，是指跆拳道比赛中运动员运用技法进攻或防守时的预备动作。

一、实战姿势

跆拳道的实战姿势可以分为三种类型，即标准实战姿势、侧向实战姿势和低位实战姿势。运动员在比赛时，可以根据对手的情况来调节相应的实战姿势。练习时，左腿在前称为左实战姿势，右腿在前称为右实战姿势。

（一）标准实战姿势

动作方法：

两脚前后开立，两脚之间的距离是本人肩宽的 1.5 倍，脚尖斜向前方 45°，前脚掌支撑，脚后跟抬起，两膝微屈，身体重心落于两脚之间，身体放松，右手握拳置于胸前，高度应距下颌一拳左右；左手握拳高度约与肩平，左手肘关节角度应大于或等于 90°。上体保持正直，目视前方，见图 2-21、图 2-22。

动作要点：

实战姿势时身体要放松，两膝微屈。做标准实战姿势时两腿不要站在一条直线上，应站在直线的两侧，以便保持身体平衡，使身体时刻处于待发状态。

图 2-21   图 2-22

易犯错误：

全身紧张，肌肉僵硬；膝关节未弯曲，没有弹性；身体重心偏前或偏后。

纠正方法：

可在同伴的帮助下进行纠正或面向镜子自我纠正。

（二）侧向实战姿势

动作方法：

身体完全侧向，两脚间距离为肩宽的 1.5～2 倍，两脚在一条直线上，其他同标准实战姿势（见图 2-23）。侧向实战姿势适用于侧踢、后踢等腿法。

（三）低位实战姿势

动作方法：

低位实战姿势站立时，上体微向前倾，两腿屈膝的角度加大，身体重心降低，两脚间隔为肩宽的 1.5～2 倍，其他同标准实战姿势（见图 2-24）。低位实战姿势适用于反击技术，如后踢、后旋踢的反击。

图 2-23   图 2-24

二、实战中与对手相关的站位

跆拳道实战中，按双方运动员相对站立的姿势，可以分为开式站位和闭式站位两种。

（一）开式站位

我方左实战姿势站立，对方右实战姿势站立时（见图2-25），或我方右实战姿势站立，对方左实战姿势站立时（见图2-26），称为开式站位。

图 2-25　　　　　　　　　　　　　　图 2-26

（二）闭式站位

我方左实战姿势站立，对方左实战姿势站立时（见图2-27），或我方右实战姿势站立，对方右实战姿势站立时（见图2-28），称为闭式站位。

图 2-27　　　　　　　　　　　　　　图 2-28

三、步法

步法是跆拳道实战中实现攻防转换的关键技术。可以概括为以下四点作用：第一，连接进攻与反击技术，在跆拳道实战中无论是进攻、防守还是防守反击，绝大多数是在身体运动的情况下完成的，因此需要快速、灵活、多变的步法连接技术；第二，抢占有利的实战位置，实战中通过灵活多变的步法移动占据场上的有利位置，为进攻与反击做好准备；第三，保持身体重心，维持身体平衡，跆拳道比赛的攻防转换是在运动的状态下完成的，较好地掌握步法技术才能较好地维持身体平衡，才能在相对动态的平衡下实现有力的进攻与反击；第四，破坏对方距离感，遏制对方进攻技术的发挥，灵活多变的步法可以有效地破坏对方进攻与防守的距离感，给对方心理造成压力。

跆拳道比赛中常见的步法有以下几种。

（一）前进步

前进步包括上步、前滑步和前跃步，下面分别予以介绍。

1. 上步

动作方法：

实战姿势站立，以左脚掌为轴，脚尖外转，右脚蹬地向前上步，成右实战姿势站立（见图 2-29）。

动作要点：动作要协调，要有整体性，上步要快。

易犯错误：上步时身体重心不稳。

纠正方法：由慢到快反复进行练习。

实战作用：

（1）调整距离伺机进攻；

（2）假动作引诱对方或追击对方。

2. 前滑步

动作方法：

实战姿势站立，右脚蹬地，左脚向前上半步，落地时左脚掌先着地，而后右脚再向前跟半步（见图 2-30）。

动作要点：

移动时两脚距离保持不变，两脚离地不要太高，进步要稳，跟步要快。

易犯错误：

两脚前移过程中距离过大。

纠正方法：

移动时注意检查步幅长度，有意识地练习。

实战作用：

调整与对手之间的距离。

3. 前跃步

动作方法：

实战姿势站立，两脚同时蹬地向前纵出 30～40 厘米，动作完成后保持实战姿势站立（见图 2-31）。

动作要点：

（1）要依靠两脚踝关节与膝关节的力量弹跳纵出，双脚要紧贴地面，不要腾空过高；

（2）动作起动时重心不宜过低，否则容易暴露动作意图。

易犯错误：

跃步时起跳过高。

纠正方法：

利用踝关节及膝关节的力量起跳前移，前移时要向前用力而不是向上。

实战作用：

用于接近对手或配合技术进攻。

图 2-29   图 2-30   图 2-31

（二）后退步

后退步包括后滑步、后跃步和后撤步。

1. 后滑步

动作方法：

实战姿势站立，左脚蹬地，右脚先后退半步，落地时右脚掌先着地，随之左脚向后跟半步，落地后保持实战姿势不变（见图 2-32）。

动作要点：

右脚退步距离不宜过大；右脚退多大距离，左脚要跟多大距离，要借助蹬地的反作用力加快移动速度。

易犯错误：

后退距离过大造成身体重心不稳。

纠正方法：

初学时后退距离不宜过大，应是本人脚长的 1～1.5 倍。

实战作用：

躲闪对方进攻或配合技术反击。

2. 后跃步

动作方法：

实战姿势站立，两脚同时蹬地向后跃出 30～40 厘米，动作完成后成实战姿势站立（见图 2-33）。

动作要点：参考前跃步。

易犯错误：参考前跃步。

纠正方法：参考前跃步。

实战作用：用于躲闪对方的进攻或配合技术反击。

3. 撤步

动作方法：实战姿势站立，以右脚为轴内转，左脚向后撤步（见图 2-34），成右实战姿势站立。

动作要点：动作要协调一致，撤步要快。

易犯错误：参考上步。

纠正方法：参考上步。

实战作用：用于躲闪对方的进攻或配合技术反击。

图 2-32　　　　　　　图 2-33　　　　　　　图 2-34

（三）侧移步

向左移动时称为左侧移步，向右移动时称为右侧移步。

1. 左侧移步

动作方法：

实战姿势站立；右脚蹬地，左脚向左侧上步，右脚随之跟上，使身体重心向左移动离开原来的位置（见图 2-35）。

2. 右侧移步

动作方法：

实战姿势站立；左脚蹬地，右脚向右侧方上步，左脚随之跟上，使身体重心向右移动离开原来的位置（见图2-36）。

动作要点：

移动时要有弹性，速度要快，身体要放松。

易犯错误：

参考前跃步。

纠正方法：

参考前跃步。

实战作用：

用于躲闪对方的进攻或躲闪后反击。

（四）弧形步

向左跨步时称为左弧形步，向右跨步时称为右弧形步。

1. 左弧形步

动作方法：

实战姿势站立，以左脚为轴，右脚蹬地向左侧跨步，上体随之左转（见图2-37）。

2. 右弧形步

动作方法：

实战姿势站立，以左脚为轴，右脚蹬地向右侧跨步，上体随之右转（见图2-38）。

动作要点：整个动作要协调一致。

易犯错误：移动时身体重心不稳。

纠正方法：由慢到快反复练习。

实战作用：用于躲闪对方进攻及躲闪后反击。

 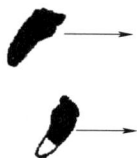  

图2-35   图2-36   图2-37   图2-38

（五）跳换步

动作方法：

实战姿势站立，左右脚同时离地，以腰部力量带动双脚位置互换，落地后仍成实战姿势站立（见图2-39）。

动作要点：

换步要灵活，弹跳不宜太高。

易犯错误：

动作僵硬，弹跳过高。

纠正方法：

身体放松，以腰的力量带动两腿完成换步。

图 2-39

实战作用：

调整实战姿势。

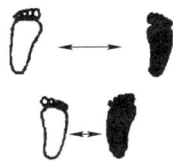

（六）前（后）垫步

由标准实战姿势开始，后（前）脚向前（后）脚并拢的同时，前（后）脚蹬地向前（后）迈（退）步，仍成原来的实战姿势（见图2-40）。

垫步动作的要点是后脚（前）向前（后）要迅速，不等后（前）脚落定，前（后）脚就要蹬地前（后）移动；前（后）脚移动的距离要适当，既能照顾与对方的位置关系，又便于自己后面的连接动作。垫步动作要迅速、轻捷、连贯，要快速接近或远离对方。后面的连接动作，无论是进攻还是防守，都要连续迅速，可在垫步过程中做动作，不给对方任何机会。

图 2-40

实战作用：

（1）用于快速接近对手；

（2）连接横踢、下劈踢、侧踢等技术进攻对手；

（3）用于拉开与对手之间的距离；

（4）用于连接横踢、下劈踢等技术反击。

（七）冲刺步

动作方法：

实战姿势站立，右脚向前上步成左实战姿势，紧接着，左脚向前上步回到原来的位置（见图2-41）。

动作要点：

两腿动作要迅速，频率要快，如冲刺跑一般。移动时的步幅不宜过大。

图 2-41

易犯错误：身体僵硬，移动时前俯后仰。

纠正方法：移动时身体要放松，要突出起动快、落地稳的动作特点。

实战作用：

（1）迅速接近对手；

（2）连接横踢、双飞踢等技术进攻。

（八）组合步

是指各种步法之间的不同组合。实际上，跆拳道技术在实战运用的过程中，无不通过各种步法的运用和变化而得到实施，而且使用的步法都是有意或无意地组合起来综合运用的。运用步法的目的是为了调整距离，使自己的动作更加快速灵活，进而达到进退自如、控制节奏、有效攻击和有效防守的目的。步法的组合应根据实际情况的变化而改变，把攻击和反击的技术与步法紧密结合起来，做到在移动中进攻，在移动中防守，在移动中反击，使步法的运用和拳法、腿法融为一体，成为进攻、防守、反击的有机连接技术，从而达到取得实战胜利的目的。

第三节　基本动作技术

跆拳道以其变幻莫测、优美潇洒的腿法著称于世，被世人称为"踢的艺术"，这是跆拳道区别于其他格斗术的一个重要特点。下面简单介绍一下跆拳道的几个基本动作技术。

一、前踢

实战姿态的根本姿态开端。右脚蹬地髋关节向左旋转，双手握拳置于体侧；一起，右腿以髋关节为轴屈膝上提。当大腿抬至水平或稍高时，关节向前送，向前顶，小腿以膝关节为轴疾速向前上方踢出，力达腿尖，整条腿踹直。踢击后敏捷放松，右腿沿原道路弹回，将右脚放置在左脚前面仍成实战姿态。动作办法：膝关节夹紧，小腿放松，要有弹性；往前送，高踢时往上送；小腿回收与前踢的速度一样快。首要进犯部位有脸部，下颏，腹部，裆部。前踢亦可用于防卫。将前踢发力部位由脚尖改换为脚跟时，前踢动作就变为前蹬动作，动作办法关键一样，仅仅脚的形状发生了改变。

二、横踢

实战姿态开端。右脚蹬地，重心前移至左脚，右脚屈膝上提，两拳置于胸前；左脚前脚掌碾地内旋，髋关节左转，左膝内扣；随即左脚掌持续内旋至 180°，右腿膝关节向前抬至水平状况，小腿疾速向左前横向踢出；击打方针后敏捷放松回收小腿。右腿落回原地成实战姿态。动作办法：膝关节夹紧，向条件膝，尽量走直线；支持脚外旋 180°；髋关节往前顺，身体与巨细腿成直线；严厉留意击打的力点在正脚背；踝关节放松，击打的感受是"面团""鞭梢"。横踢进犯的首要部位有头部，胸部，腹部和肋部。

三、侧踢

实战的根本姿态开端；右脚蹬地右腿以髋关节为轴屈膝提起，两手握拳置于体侧；随即左脚曾经脚掌为轴外旋 180°，髋关节向左旋转，右腿以膝关节为轴向前蹬伸，右脚疾速向右前上方直线踢出，力点在脚跟。发力后没起腿道路收腿，放松，重心落下（原处或向前均可），再次回到实战姿态。动作办法：起腿时巨细腿，膝关节夹紧；踢动身力时头肩，腰，髋，膝，腿和踝成一直线；巨细腿直线踢出，原道路回收。侧踢动作的首要进犯部位有膝部，腹部，肋部，胸部和头脸部。

四、推踢

实战姿态开端。右脚蹬地，重心前移，右脚以髋关节为轴提膝前蹬，用右脚脚掌向前蹬推，力点在脚掌，推力向正前方。动作办法：提膝后尽量收紧膝关节；重心往前移，使用身体的分量和力气；推的时分腿往前扩展，送髋；推的道路水平往前。推踢的首要进犯方针是腹部。

五、后踢

实战姿态开端，回身后腿后撤背对对方。重心后移至左脚右脚蹬地后屈膝提起，右脚靠近左大腿，两手握拳置于胸前；随即左脚蹬地伸直，右脚自左大腿内侧向后方直线踢出，力达脚跟。踢击后右脚沿原道路疾速回收，成实战姿态。动作办法：起腿后上体和巨细腿折叠收紧；后踢时动作延伸要长，用力延伸；回身，提腿，出脚动作接连一次性完结，不能中止；击打方针在正后偏右。后踢动作的首要进犯部位有膝部，腹部，档部，胸部和头脸部。

六、下劈

实战姿态开端。右脚蹬地，重心前移至左脚。一起，右腿以髋关节为轴屈膝上提，两手握拳置于胸前；随即充分送髋，上提膝关节至胸部，右小腿以膝关节为轴向上伸直，将右腿伸直举于体前，右脚过头。然后放松向下以右脚后跟（或脚掌）为力点劈击，一直到地上，成实战姿态。动作办法：腿尽量往高，往头后举，要向上送髋，重心往高起；脚放松往前落，落地要有操控；起腿要疾速，决断；踝关节要放松。劈腿的首要进犯部位有头顶，脸部和锁骨。

七、勾踢

实战姿态开端。右脚蹬地重心前移，右腿以髋关节为轴屈膝上提，两手握拳置于体侧；左脚曾经脚掌为轴外旋 180°，右腿以膝关节为轴持续向前上方伸成直线，顺势右脚的脚掌用力向右侧屈膝抽打，顺抽打之势上体右转，右腿屈膝回收，右脚落回原处，成实战姿态。动作办法：提膝，伸直，右侧屈膝抽打动作要连接疾速，没有中止；击打点在体前偏右侧，以脚掌为击打点；左脚旋转支持在坚持平衡，踹击后敏捷将腿回收。摆踢进犯的首要部位是头脸部和腹部、胸部。

八、后旋踢

实战姿态开端。两脚以两脚掌为轴均内旋约 180°，身体随之右转约 90°，两拳置于胸前。上体右转，与双腿拧成必定视点。右脚蹬地将蹬地的力气与上体拧转的力气合在一起，右腿持续向右后旋摆抽打，一起上体向右转，股动右腿弧形摆至身体右侧，右腿屈膝回收；右脚落到右后成实战姿态。动作办法：回身旋转，踢腿连接进行，趁热打铁，中心没有中止；击打点应在正前方，呈水平弧线；屈膝起腿的旋转速度要快；重心在原地旋转 360°。后旋踢进犯的首要部位有面额和胸部。

九、双飞踢

实战姿势站立，左腿略蹬地，身体重心移至右腿。左腿向前上方加速，支撑脚前转，迅速打出左横踢动作。在左腿尚未落地之际，立即向前起跳，提起右膝打出右横踢动作。动作完成后，两腿放松，成实战姿势站立。要领分析：双飞踢就是连续两个横踢，动作要连贯，一般第一次横踢要比第二次力度小，这样有利于双腿的连贯发力。踢击时两膝盖应直线前进，而不能从两侧弧线绕向前，那样会影响速度和力量，容易被对方沿中路反击。踢击时上身一定要后倾，这样便于更好地完成横踢。该动作一般在中远距离时使用，第一腿主要用于干扰对手，便于第二腿横踢发力。实战作用：攻击对手头部、颈部和胸部，也可用于反击对手。

十、拳

在竞技跆拳道中，拳头攻击是最常用的手段之一，拳头的表现主要为正拳。正拳的握法：四指并拢握拳，拇指紧扣食指和中指的第二指关节，要求拳握紧、拳面平、直腕。拳的用法在传统跆拳道中是很广泛的，主要是用来攻击对方的面、胸、腹等部位。但在竞技跆拳道中的使用是受到限制的。

第四节　进攻技术

跆拳道实战中拳法、肘法、膝法与腿法是主要的进攻技术。只有练好基本技术，才能在技术动作上提高。只有学习基本技术或体会基本技术的含义，研究基本技术的实际运用规律，才会有所发展。

跆拳道进攻技术如下。

拳法：直拳。

腿法：前踢、（摆）踢、侧踢、后旋踢、劈腿、后踢、推踢、双飞踢、旋风踢等。

一、直拳

左脚蹬地，腰部与上体的肩部快速有力的向左前方扭转以增加出拳的速度与力量。在右脚蹬地的同时，右臂肘关节不要抬起，前臂内旋，拳心向下方转动，使拳面、前臂、肘关节与肩成一条直线并处在一个水平面上快速弹伸。攻击时身体重心从右移到左，用拳击打对方胸腹部（见图2-42）。攻击时充分利用蹬地、转髋，转腰顺肩一气呵成，击打时全身各关节要有弹性。

注意点：没有用力蹬腿和快速转腰，拳击打时腕关节放松缺乏击打力度且易受伤。

二、腿法

图2-42

（一）前踢

右脚蹬地髋关节向左旋转，双手握拳置于胸前，膝关节朝前，脚面稍绷直，膝关节抬到与大腿水平或稍高时，快速向前弹出小腿，用脚面或前脚掌击打目标，击打以后快速右转髋，使小腿折叠回原位。动作要领：出腿时大腿之间距离应尽量小，小腿放松，要有弹性；高踢时膝关节抬高即可，髋往前送。主要攻击部位有面部、下颚、腹部。前踢可用于防守（见图2-43）。

1. 动作要领

（1）膝关节夹紧，小腿放松，有弹性。

（2）髋往前送，高踢时髋往上送。

（3）小腿回收与前踢的速度一样快。

2. 易犯错误

（1）小腿与大腿不折叠，膝关节不夹紧，直腿踢。

（2）不顺髋不转髋。

图 2-43

（二）摆踢

右脚蹬地屈膝提起，左脚以脚掌为轴外旋 180°，右腿以膝关节为轴抬到一定高度以后，右腿的小腿迅速有力的弹出击打目标，顺鞭打之势上体右转，右腿屈膝回收，右脚落回原处，成实战姿势（见图 2-44）。

图 2-44

1. 动作要领

（1）转身、踢腿要连贯、一气呵成。

（2）头、肩、腰、髋、膝、腿、踝成一直线。

（3）踝关节向下扣。

2. 易犯错误

（1）转身、踢腿中有停顿、二次发力。

（2）重心控制、腿控制不好。

（3）缺乏弹性，不收腿。

（三）侧踢

右脚蹬地屈膝提起，左脚以脚掌为轴外旋 180°，同时右脚向右前方直线踢出，力点在于脚刃与脚跟，原路收回落地，仍然左势实战姿势（见图 2-45）。

图 2-45

1. 动作要领

（1）起腿时，大小腿、膝关节夹紧。

（2）头、肩、髋、腰、膝、腿、踝在同一直线上。

（3）踢击时提膝、转体、展髋，一气呵成；上体略侧倾。

2. 易犯错误

（1）大小腿肌肉折叠不够紧。

（2）踢击时髋关节没有展开，致使肩、髋、腿、踝不能直线踢击。

（3）动作缺乏弹性，不连贯，不易收腿。

（4）上体前俯过大，踢出无力。

（四）后旋踢

以左势开始，左脚以前脚掌为轴内旋约 90° 角，右脚与此同时贴着左脚内侧大腿上身旋转，顺势起右脚的运动轨迹呈弧形，身体重心在左脚，以左脚为轴身体原地旋转 360°，右腿向右后方伸的同时并用力向右屈膝鞭打后顺势放松，收回原地，仍成左势实战姿势。

1. 动作要领

（1）转身、旋转、踢腿连贯，一气呵成，中间没有停顿。

（2）屈膝抬腿的速度要快，保持身体重心在原地旋转360°。

（3）蹬地、转腰、转上体、摆腿顺序发力，击打点正前方，呈水平弧线。

2. 易犯错误

（1）转身、踢腿中有停顿，二次发力。

（2）起腿时机过早或过晚，因此错过时机。

（3）上体位置不合适，往前、往后或往下都会造成旋转时体态不平衡，失去准确性（见图2-46、图2-47）。

图 2-46

图 2-47

（五）下劈

从左势实战姿势开始，右脚向后蹬地，身体重心前移至左腿，右脚蹬地提膝后膝向前起腿，脚跟提起，左腿伸直，右腿提膝提到一定高度以后小腿迅速打开，右脚尽量上举至头部上方，放松、快速下落，以脚掌与脚跟击打目标，成右势实战姿势（见图2-48）。

图 2-48

1. 动作要领

（1）身体重心往高起，脚尽量往高、往后举。

（2）起腿要快速、果断。

（3）脚、踝关节放松往下劈落，落地有控制。

2. 易犯错误

（1）起腿不够高，不果断，重心不往高起。

（2）脚跟不离地，没有向上送髋举腿的动作。

（3）踝关节紧张，往下劈时过于用力。

（4）上身后仰太多，应随重心一起前移，保持直立。

（六）推踢

右脚蹬地，身体重心前移至左脚，右脚蹬地屈膝提起，左脚以脚掌为轴外旋约 90°，重心向前压，同时右脚迅速向前方推踢，力点在脚掌，推踢后迅速屈膝，身体重心前落成左势（见图 2-49）。

图 2-49

1. 动作要领

（1）提膝时尽量收紧小腿。

（2）身体重心往前移，增加前推的力度。

（3）推踢时候腿往前伸展，送髋。

（4）推的方向为水平向前。

2. 易犯错误

（1）大小腿收不紧，易被阻截。

（2）上体太直，重心不能迅速前移，不利于发力与接下一个技术动作。

（3）上体过于后仰，对攻击力与腿不能水平前推有直接关系。

（七）后踢

左脚蹬地，脚掌为轴内旋约 90°，右脚同时以前脚掌为轴脚跟向内旋，随右脚前蹬，右腿大小腿折叠，屈髋关节收紧大腿，左腿稍屈膝，右脚向右后方随展髋伸膝沿直线向后方踢出，上体侧倾，力点在脚刃，这时右腿屈膝回收，向前落下（见图 2-50）。

图 2-50

1. 动作要领

（1）起腿后上体和大小腿收成一团，收紧后蓄势待发。

（2）转身、提腿、出腿发力一次性完成，不能停顿。

（3）击打目标位置在正前方稍偏右。

2. 易犯错误

（1）上身与大小腿不收紧，直腿往上撩。

（2）转身、踢腿有停顿，不连贯。

（3）不能形成身体摆动过大，击打时成弧形，不是直线踢出。

（4）肩、上身跟前旋转，容易被反击。

第五节　防守技术

跆拳道技术中防守技术是不可缺少的，从比赛的胜负来看，防守技术与进攻技术同样重要。如果在得分的同时又能很好地防住对方的进攻并抓住机会反击，获胜的把握就更大一些；如果只注重进攻技术而忽视防守技术就很难成为一名高水平的优秀跆拳道运动员或战术家。在防守技术有效地完成以后，才能尽快地转入反击的连接技术，从被动转为主动，为胜利创造有利条件。防守反击是对付进攻的有效方法，还是挫败对方锐气、增加自信心的有效方法、防守反击要求判断准确、防守严密、敏捷、果断，特别是对方进攻猛烈步步紧逼时利用防守返击往往化险为夷，险中求胜，达到反击致胜的目的。

一、利用贴近，闪躲等方法进行防守

贴近对方目的在于对方进攻猛烈快速时，迅速上前与对方靠近贴在一起，或快速后撤远离对方，利用左右移动达到使对方由于距离的过近而无法发挥其威力。

二、利用格挡的方法防守

格挡方法中手的方法以向上、下，向左、右，向左右斜下防守三种。这种防守是出于对方进攻速度快而自己已来不及用其他方法防守时下意识地用格挡方法进行有效的防守技术；还可在已明白对方使用的下一个动作时做出格挡后迅速作出反击动作。腿的格挡有用脚的内侧向外展开的同时把对方要出腿的路线完全堵死，或者用膝关节以下、踝关节以上来防守两侧的攻击。

（一）向上格挡

左手握拳由下至上，用左（右）前臂向上格挡，抬臂要迅速，前臂弯曲上架，头部不要与上架的臂在一个直线上，以免对方力量太大，自己前臂不能有效格挡时，面部不至于被对方打中（见图2-51）。根据对方来拳或来脚的方位决定左或右臂上架。

动作要领：抬臂要迅速，前臂弯曲上架，不要臂与面部垂直，格挡时手臂有向外横拨的动作。

双臂格挡法：当对方运动员攻击力猛，连续攻击自己的头或颈两侧时，可同时用左右臂上举防住对方的两侧攻击（见图2-52）。

图 2-51　　　　　　　　　　　图 2-52

（二）中段防守

中段保护区为肩关节以下至髋关节部位。当对方的拳或脚攻向自己的中段位时，用左（右）臂向内或向外格挡对方来拳或来脚。防守时两臂分开的距离以肩宽为度，两臂外旋，手心向前（见图2-53）。

双臂格挡法：左脚前迈，同时两臂交叉置于胸前，随左右步的落地，两臂迅速阻挡两侧的拳与腿（见图2-54）。

图 2-53　　　　　　　　　　　图 2-54

（三）下段防守

右脚向后成弓步后，左（右）臂由届到伸向斜下外截，用外臂格挡；右拳置于腰间，这动作也可用手刀动作完成（见图2-55）。

双臂交叉格挡法：左脚前迈，两臂交叉于体前，手心向内，两臂至胸前交叉推出，挡住对方由下而上的攻击，格挡时身体下沉，以增加下截的力量（见图2-56）。

图 2-55　　　　　　　　　　　　　　　　图 2-56

第六节　防守反击技术

跆拳道与别的对抗性项目一样，有着相互矛盾与相互制约的方面。一名优秀的跆拳道运动员想在比赛中取得胜利，除了要有熟练和扎实的基本功以外，还要有灵活掌握防守反击的技术。

防守技术可分为以下三种。

（1）利用与对方之间的前后、左右距离闪躲来进行防守反击。

（2）防守者可使用格挡与阻挡后来进行防守反击。

（3）防守者在进攻者进攻时使用进攻动作反击与制约对方。

第七节　攻防技术组合

组合技术动作是跆拳道技术体系中的重要内容，是实现实战格斗必不可少的首要条件。它是由步法、进攻技术、防守技术、反击技术等基本技术根据实战要求串联组合而成。各种技术动作的组合串联，一是要求基本技术娴熟，自动化程度高；二是要求根据自己的身体条件，技术风格、战术特点等来实施各种技术的组合；三是要求动作间的衔接迅速流畅，保持技术动作的连续性；四是要求善于根据临场情况的变化而变化，提高应变能力。下面列举出比赛中常用的战术性技术组合供大家选择参考。在学好基本技术的基础上完成这些内容就会非常简单，由于篇幅有限，对于组合技术的练习，就不重复示范了，大家在掌握了各种技术动作后，也可以自己创编组合技术，但必须要遵循攻防实战的客观规律和比赛的技术要求。

一、练习内容及目的要求

（一）练习内容举例

（1）前腿横踢进攻→前腿下劈踢反击

（2）前腿横踢进攻→后跃步→横踢反击

（3）前腿下劈踢进攻→后跃步→前腿横踢反击

（4）前腿双飞踢进攻→后踢反击

（5）前腿高横踢进攻头部→前腿侧踢截击

（6）前腿横踢进攻→后跃步→前腿高横踢组合

（7）前腿横踢进攻→后跃步→后腿下劈反击

（8）前腿侧踢进攻→跳步前下劈进攻

（9）前腿横踢进攻→前进攻

（10）前腿横踢进攻→换步→后旋踢反击

（11）前腿下劈反击→后腿双飞踢进攻

（12）前腿推踢进攻→后下劈进攻→后踢反击

（13）前腿横踢进攻→后旋踢反击

（14）后跃步→前腿横踢反击→旋风踢反击

（15）后腿横踢进攻→旋风踢进攻→后旋踢进攻

（16）后腿双飞踢进攻→移步→前腿双飞踢反击

（17）后腿高横踢进攻→前腿横踢进攻→后跃步横踢反击

（18）后腿双飞踢进攻→后跃步→前腿下劈踢反击

（19）后腿横踢进攻→后踢进攻

（20）跳换步后腿横踢反击→后旋踢反击

（21）后旋踢反击→后旋踢进攻→旋风踢进攻

（22）后腿下劈踢进攻→后跃步→后踢反击

（23）后腿高横踢进攻→后跃步后踢反击

（24）上步假动作→后踢反击

（25）跳换步假动作→后腿横踢进攻→前腿双飞踢进攻

（26）原地假动作佯攻→前腿横踢进攻→前腿劈踢进攻

（27）上步假动作→后下劈进攻→双飞踢反击

（二）练习目的及要求

（1）练习目的：培养进攻反击技术的组合能力，建立攻防意识。

（2）练习要求：动作衔接要快，两人对练或利用脚靶、护具练习时要保持适当的距离（一般以实战的距离为佳），不要距脚靶、护具过近或过远，每项内容 6～8 次为一组，多组重复。

二、练习方法

运动员可独自进行空击练习，也可以在同伴或教练员的帮助下使用脚靶、沙包或护具的方法练习，练习时左右腿交替进行。

第三章

竞技跆拳道中的战术与心理训练

第一节　跆拳道战术概论与训练方法

一、跆拳道战术概论

战略、战术二词，原为军事用语，战略的含义是指导战争全局的筹划和策略。战术的含义是进行具体战斗的原则和方法。战术是一种方法，什么方法呢？即综合运用技术、心理和身体素质的方法，运用此方法的目的是争取比赛的胜利。自古以来，兵家均以谋为本，中国明代的刘伯温在《百战奇略》中说："若不计而进，不谋而战，必为战败。"《孙子兵法》中说："善攻者势于九天之上，善守者藏于九地之下。"这两句战术圣典把进攻与防守描述得淋漓尽致。

跆拳道战术是根据比赛双方的各种具体情况，为战胜对方或为表现出期望的比赛结果而采取的计策和方法。高水平的跆拳道运动员在比赛中技术水平是相差无几的，在比赛中战术运用得合理，就会控制场上的主动权。因此，竞技跆拳道比赛不仅是技术水平的对抗，也是心理、意志和智慧的较量。一名优秀的跆拳道运动员只有充分利用自己的身体机能和技术特长克制对方之短，才能争取比赛的最终胜利。那么比赛中战术和技术有何联系呢？第一，战术与技术是相辅相成的，技术是战术的基础，战术是技术的发展，技术和战术是一个不可分割的整体。只有熟练地掌握跆拳道的各种基本技术，才能灵活地运用各种战术，做到"制人而不制于人"。第二，只有掌握基本战术，才能逐渐向复合战术过渡，紧紧围绕跆拳道比赛进行训练，实现战术训练过程中的循序渐进。

跆拳道是智慧型的格斗项目，战术设计和训练是高水平跆拳道训练的核心内容。战术的运用对夺取跆拳道比赛的胜利有着重要的作用，而比赛中能否设计制订合理的战术是实现战术运用的前提条件。通常情况下设计合理的战术要遵循以下两个原则。

一是设计战术要灵活多变。跆拳道比赛紧张激烈，错综复杂，比赛时如果只采用为数不多或固定的战术，一旦被对方摸到规律，往往会使自己陷入被动的境地。因此，设计战术时，应多考虑几种战术形式及其相互之间的衔接关系。利用多种战术方法，最大限度地体现不同进攻方向和进攻点。利用比赛场上的时间、空间、方向和位置设计使用灵活多变的战术组合，这既能灵活多变，又突出针对性和实效性。

二是设计战术要有针对性。中国古代的《孙子·谋攻》中说："知彼知己，百战不殆。"即在战争中只有了解敌我双方的真实情况，才能够百战百胜。知彼知己，是军事家确定作战方案的先决条件。在竞技体育比赛中，了解对方的实际情况，再针对其设计合理的战术也是取胜的关键。那么从哪几方面来了解对手的实际情况呢？真实地了解对手的实际情况一般通过以下五个方面。①专项技术水平：要清楚了解对方比赛中的优缺点、善于运用的技术形式。②身体素质条件：对方的身体素质如何，专项素质如何，优缺点是什么，这些都是制订战术的条件。如了解到对方耐力素质不好，可在比赛中设计体力战术，消耗对方的体力。③攻防类型：了解对方是主动进攻型还是以防守反击为主的防守型，或者是能攻能守的综合型，根据实际情况制订相应的战术。④比赛动态类型：了解对方属于技术型打法还是属于力量型打法，根据具体情况制订相应的战术，以我方之长处克制对方之短处，从而达到取胜的目的。⑤临场心理素质：有的运动员虽技术好，但心理承受能力差，遇到激烈对抗，便产生惧怕、恐慌等心理障碍，影响技术、战术的发挥，导致比赛失利；有的运动员无所畏惧，敢打敢拼，靠其临场稳定的心理从容对阵，发挥自己的优势，取得比赛的胜利。了解这些情况后制订相应的战术，做到"知彼知己，百战不殆"就不难了。

二、跆拳道战术形式

战术形式，是指为了完成战术意图而由各种动作组成的具体方法。竞技跆拳道比赛中的战术多达数十种，经常运用的战术形式大致如下。

1. 强攻战术

强攻战术是指硬性突破对方防守后发出的攻击。运用强攻战术的条件如下。

（1）对方动作连续性比较差。

（2）对方耐力比较差。

（3）我方耐力、力量、速度比较好，但技术不如对方。

（4）比赛经验不如对方，但身体素质较好，技术较全面。

（5）对方心理素质比较差。

运用强攻战术时不要盲目地蛮干，要通过这一战术发挥我方之长来攻克对方之短。

2. 先得分战术

先得分战术是指比赛中利用对方立足未稳，还没有适应比赛的机会，主动进攻对方先得分，得分后根据实际情况选择继续扩大战果或防守反击以保住得分。运用先得分战术的条件如下。

（1）对方进入比赛状态较慢。

（2）对方比赛经验不足。

（3）对方立足未稳。

3. 直攻战术

直攻战术是指在没有假动作的掩护下，直接进攻对方。运用直攻战术应具备以下条件。

（1）对方的反应速度、动作速度、移动速度弱于我方。

（2）对方技术水平明显低于我方。

（3）对方动作不熟练、耐力较差、近战能力较差。

（4）对方防守动作出现破绽，双方距离适中能够有效使用进攻动作。

4. 佯攻战术

佯攻战术也称为假动作战术，即比赛中有目的地利用假动作造成对方错觉，把对方引入歧途，实现真实进攻。佯攻战术也是跆拳道比赛中最常见的战术之一。运用佯攻战术应具备的条件如下。

（1）对方反应快、防守能力强。

（2）我方直接进攻，遭到对方防守截击时，利用假动作指上打下、指下打上、指右打左、指左打右，分散对方的注意力，趁机攻击其防守空当的部位。

5. 迂回战术

迂回战术是指利用步法移动从侧面进攻。迂回战术运用的条件如下。

（1）对方力量较大、速度快，正面进攻较为凶猛。

（2）对方集中注意力进行正面防守时。

运用迂回战术时要注意移动的方向、角度、距离和进攻时机，还要注意步法的灵活性。

6. 防守反击战术

防守反击战术是指利用我方反击能力较好的特点，待对方进攻时给予有力的回击。运用防守反击战术应具备以下条件。

（1）对方进攻动作比较单一。

（2）对方性情急躁，缺乏比赛经验，喜欢猛冲猛打。

运用防守反击战术时，可以以防守反击为主，主动进攻为辅，以主动进攻掩盖我方反击战术意图，刺激对方，使其更加急躁，为反击战术创造条件。

7. 制长战术

制长战术是使用适合的方法抑制对方的技术专长，使其不能够正常发挥的战术形式。每名运动员都有自己的技术专长，如果针对对方专长制订战术，使其专长不能发挥从而被迫采用其他动作，这无疑起到制彼所长的作用。制长战术大致有以下几种。

（1）克制善于用某种腿法的对手。

（2）克制善于主动进攻的对手。

（3）克制善于防守反击的对手。

（4）克制能攻能守、攻守全面的对手。

8. 制短战术

制短战术是指在比赛中集中力量专门进攻对方的薄弱环节，制其所短。每一名运动员在具备优点的同时也相对有自己的缺点，比赛中要善于发现其缺点。如有的运动员防守能力差，有的运动员耐力较差，有的运动员心理素质差。了解对方缺点有以下几个途径。

（1）通过观察对方训练、比赛或回忆与对方交手的经历。

（2）通过比赛中试探性的进攻来判断对方的弱点。

（3）通过向与其交过手的队友询问。

了解到对方的弱点后，制订相应的战术，以我方之长处克制对方之短处，从而夺取比赛的胜利。

9. 技术战术

技术战术是指发挥我方的得意技术，控制场上的主动权，抑制对方的进攻从而取得比赛的胜利。技术战术运用时自身应具备以下条件。

（1）我方的技术必须全面、熟练、有效。

（2）比赛时头脑要冷静。

10. 多点战术

多点战术是指进攻点立体交叉，全方位的进攻对方。在比赛中遇到技术水平较好地运动员时，单一的技术进攻很难奏效，应从上下左右、单个技术和组合技术综合运用，针对对方实施立体的攻击。使用多点战术时自身应具备的条件如下。

（1）技术全面、头脑灵活。

（2）要有较好的灵活性和动作转换的协调能力。

11. 重创战术

重创战术是指比赛中利用自己的得意技术或对方失误的机会，准确击中对方要害，使对方因被击伤或被击倒而丧失比赛能力。实施重创战术的条件如下。

（1）我方要具备一定的身体、技术条件。

（2）当我方的攻击力量或技术比对方好但耐力差时。

（3）攻击力量虽好，但技术不如对方或比分落后的情况下。

（4）因其他因素不能打持久战，在规则允许的范围内寻找机会重创对方。

（5）了解到对方受伤时，如膝关节有伤，应在比赛中寻找机会再次重创其膝关节，使其伤势加重而退出比赛。

12. 体力战术

体力战术是指耐力好的运动员发挥自己体力比对方好的优势，在比赛中让对方和我方一直处于不断的运动中，消耗对方的体力，使对方因体力不支而影响技术和战术的发挥甚至被击倒。实施体力战术时要根据对手情况而定。

（1）对方技术较弱，可仍然保持体力以技术取胜。

（2）如对方技术较好，可采取消耗对方体力的打法。

（3）如果双方实力相当，应有打持久战的心理准备。

（4）对方体力差，此时应继续消耗对方的体力，不给对方喘息的机会，使对方体力迅速下降，以此取胜。

13. 边角战术

边角战术是利用比赛中对方退到边界线边缘，怕越出边界线而被警告的不利心理，进行攻击的战术。实施边角战术应注意的问题如下。

（1）比赛中对方因有怕越出边界线的心理因素，在临近边角时技术容易出现漏洞，此时抓住机会连续进攻成功率较高。

（2）使用边角战术时，我方要较好地把握住距离感、空间感，以免因用力过猛或上了对方的圈套反而使自己越出边界线。

14. 突袭战术

突袭战术是针对对方自然产生的习惯动作，采用针对性强的方法进攻对方的战术。以下情况可以采用突袭战术。

（1）比赛开始，主裁"开始"口令刚落，迅速使用进攻动作突然发动进攻，攻其不备。

（2）在一个回合进攻中主裁并没有喊"暂停"，双方运动员均停止了进攻自然分开时，抓住机会出其不意。

15. 心理战术

心理战术是通过一些特定的方法和措施，给对方造成心理上的压力，从而取得比赛胜利的方法。心理战术形式多样。

（1）比赛开始前利用表情、动作威慑对方。

（2）激怒对方或松懈对方的斗志。

（3）赛前隐瞒实力或夸大自身实力给对方造成心理压力。

跆拳道战术中技术战术、佯攻战术、制长战术、制短战术、边角战术等，其目的是迫使对方紧张、急躁，造成心理压力从而影响技术的发挥，造成比赛失败。

16. 破坏战术

破坏战术是指在规则基本允许的情况下，使用黑招、重招，使对手先受伤，从而迫使其失去比赛能力。破坏战术主要表现如下。

（1）了解到对手身体某个部位有伤的情况下，在规则允许的前提下，千方百计地迫使对方伤势加重，使其退出比赛。

（2）对方进攻时，我方使用技术破坏对方的进攻路线，使其进攻技术不能正常发挥，并且消耗其体力，使其丧失信心，导致失败。

17. 规则战术

竞技跆拳道比赛是在一定规则限制的前提下进行的，但规则也有限制模糊或介于基本允许的地方，比赛时要认真研究比赛规则寻找漏洞，使用各种制胜的办法攻击对手。

18. 语言战术

在不触犯比赛规则的前提下，运动员和教练员达成默契的配合，用语言引诱对方上当受骗。如教练大声指导队员"多运用前腿横踢进攻"，这时对方已经听到，比赛时运动员使用几次前横踢以诱敌深入，待对方注意力转移时突然以下劈踢攻击对方的头部击倒对方。

19. 对付不同身材的对手应采取不同的战术

（1）对付高个子对手的方法

高个子对手具有身高、臂长、腿长的特点，在远距离攻击上占有优势。运用灵活的步法和假动作，找机会贴近对方，发挥我方的特长，把握合适的攻击时机，给对方有效的打击。同时要注意多进攻对方的躯干部位，如胸部、腹部。

（2）对付矮个子对手的方法

与高个子对手相反，矮个子对手在远距离进攻很难奏效，因此在实战中矮个子对手总是想方设法向前靠近，使用近距离的技术进攻。在这种情况下应与对手保持距离，运用直线与弧线型技术结合并寻找机会攻击对方的头部。当对手靠近时，应运用灵活的步法快速移动与其保持距离，不给对手进攻的机会，同时发挥自己的长处给予对手有力的打击。

三、跆拳道战术训练方法

跆拳道战术设计和训练的一般规律，是围绕技术及技术之间的相互关系、体力分配和假动作三方面进行的。在战术训练中，首先应该确立正确的战术指导思想，遵循跆拳道技术的规律和竞赛规则，注重实用性和灵活性。另外，战术意识还反映在行动的预见性、动作的隐蔽性、配合的一致性、战术的变换性等几方面。

（一）跆拳道战术训练的基本原则

实战对抗是检验跆拳道战术训练成果的有效手段，竞技训练的最终目的是为了比赛，因此，比赛的需要就是我们训练的目标，训练中要培养运动员在对手干扰的情况下运用战术，使战术训练始终与对抗相结合，做到"比赛需要什么，就练什么"，一切从实战出发，从比赛需要出发，这就是竞技训练的基本原则。

1. 进行战术训练时，要使系统性与实战性相结合

从系统论的角度上看，跆拳道战术系统是由多个子系统组成，不同的战术系统具有不同的特点和功能。如从进攻和防守的角度可以把跆拳道的战术系统分为进攻战术系统和防守反击战术系统，系统性原则的基本精神是必须按照战术训练内容的逻辑体系进行完整系统的训练，把各个环节的战术有机地串联在一起，从而突出重点，运用现代的、科学的训练方法进行训练。

2. 要注意培养战术意识和战术打法

比赛时战术的制订靠赛前对对方的了解，以便教练员和运动员在一起制订合理的战术打法。但赛场上瞬间万变，这就要求在平时的训练中运动员必须有独立的判断能力、战术思维及应变能力，这样才能根据对方的实际情况制订相应的战术，提高战术意识水平。

3. 基本战术要与多种战术相结合进行训练

在平时的训练中，首先要熟练掌握基本战术，在掌握基本战术的基础上根据自己的特点，选择几种适合自己的战术进行反复练习。做到各种战术之间运用灵活，能应付各种战局的需要。但要注意避免华而不实、求多不求精，要注重实效性、实用性。

4. 要注重战术训练质量

战术训练时要模仿实战气氛，要严格按实战中的要求去练习。战术动作的时机、力量、判断、反应、距离、方向和角度等都要以较高质量来完成。另外，进行战术训练时要根据运动员的实际情况区别对待，结合每一名运动员的特点来制订与之相适合的战术打法。

5. 战术训练要与其他训练相结合

有了一定的技术才能提到战术，如果基本的技术还没有掌握，战术训练也只是一句空话。战术训练与身体训练、心理训练、技术训练是分不开的。因此，战术训练要与技术训练、心理训练、身体训练协调进行。

6. 要把握当今跆拳道竞技比赛的前沿动态，善于捕捉较先进的战术战例

事物总是不断向前发展的，竞技比赛的战术也是一样，要善于捕捉较先进、较前卫的战术战例进行研究，大胆创新，并运用于实战比赛。

（二）战术训练的方法

1. 理论讲授

教练员向运动员讲解、传授跆拳道战术的基本理论知识和应用规律，内容包括战术概念、分类、形式，以及如何设计战术和运用战术等。讲授时要理论联系实际，使运动员对跆拳道战术有初步的了解，为深入学习做好准备。

2. 模拟训练

模拟训练法指在获得准确情报信息的基础上，通过与模仿重大比赛中主要对手的主

要特征的陪练人的对练，及通过在与比赛条件相似的环境中的练习，使运动员获得特殊战术能力的一种针对性极强的训练方法。训练实战中的主要方法是教练员（或同伴）模拟不同战术所需要的动作，反复练习。练习的力量要由轻到重、速度由慢到快，直到接近实战或超过实战水平。如可以模仿擅长某一进攻技术的对手，模仿擅长防守反击的对手或针对某一名对手模仿他的常用动作进行针对性的反击训练。运动员可根据具体情况采用不同战术进行模拟训练。

3. 分解训练

一种战术一般由几个动作组成，可以先将这几个动作分解逐一练习，最后再完整练习。如练习佯攻战术时，以声东击西为例，声东，前腿横踢佯攻左侧；击西，后腿横踢进攻右侧。第一步先练前腿横踢佯攻，练习时要求出腿速度快，虽是佯攻动作，但要逼真，引起对方的注意；第二步练习后腿横踢，要求后腿横踢起动要突然、果断、有力；第三步将整个动作完整练习。

4. 战例分析训练

现场观看比赛或观看比赛录像，以及回忆自己所打过的比赛，重点要看运用战术较为典型的片断。根据情况进行分析总结，研究相应的战术。

5. 假设性训练

假设性训练也称想象训练，是在运动员大脑内部语言和套语的指导下进行战术表象回忆，能够帮助运动员在大脑中建立丰富而准确的战术运动表象。如假想对方使用不同的战术，并设想用什么样的战术去对付想象中的对手，然后通过实战检验所采用的战术是否有效。

6. 条件实战

根据战术的需要，教练员（或同伴）规定一定内容或使用动作范围进行对抗战术训练。条件实战的方法很多，有限制进攻和防守的实战对抗、限制击打部位的对抗等。如练习防守反击战术，则可指定一名队员使用各种动作进攻，另一名队员只能防守反击不能主动进攻。以此来强化防守反击战术训练。

7. 实战比赛

实战比赛是指在比赛中培养战术能力的方法。竞技跆拳道的训练最终的形式是实战，实战是检验技、战术水平的有效手段。训练时按照比赛的要求进行实战对抗，可以选择延长比赛时间，对不同风格的对手进行二打一、三打一、四打一的车轮战。实战结束后要积极地进行总结，积累比赛经验。

第二节　跆拳道的心理训练内容与方法

竞技体育比赛的实践证明，心理活动对运动员生理活动起着调节、控制的主导作用。

因为在激烈的比赛中，运动员不仅需要有超强的身体素质、极大的生理潜力和遗传方面的优势，还要有能够使这些优势充分发挥出来的心理素质。所以，心理训练也是竞技跆拳道训练中的重要内容之一。

一、跆拳道运动员的心理训练内容

（一）优秀跆拳道运动员应具备的心理特征

1. 坚强的意志品质

跆拳道推崇"以礼始、以礼终"的精神，贯穿"礼义廉耻、忍耐克己、百折不屈"的根本宗旨，练习跆拳道，要培养果断、自信、坚毅及吃苦的精神和坚韧不拔、积极向上的意志品质，这是一名优秀的跆拳道运动员应该具备的基本心理素质。

2. 良好的悟性、敏捷的思维和准确的判断能力

优秀的跆拳道运动员在训练或比赛中能够很好地理解教练战术指导的意图，并能够较好地运用于比赛。除此之外，还要具备独立的思考和判断能力，能够根据赛场上的实际情况采取相应的技、战术打法。

3. 沉着稳定的心理素质

处变而不惊，胆大心细，稳定情绪，充分放松自己，在不利的情况下及时地调整自己的状态，保持冷静的头脑，充分发挥自己的技、战术水平。这是心理训练的核心内容，也是评价运动员心理素质好坏的标准。

（二）跆拳道运动员心理训练的内容

1. 一般心理训练

一般心理训练是指在日常训练中培养和发展运动员所必备的基本心理素质的训练过程。内容包括培养运动员从事跆拳道的兴趣、能力、气质、性格等心理特征，发展感知觉、运动表象、形象思维、想象力及情感和意志品质等心理过程。

2. 赛前心理训练

赛前心理训练是指在赛前一定时期内，针对比赛使运动员掌握自我调节心理状态的方法，以利于最大限度地适应比赛氛围，做好参赛心理准备的一般过程。内容包括明确比赛任务，激发比赛斗志，使运动员避免受到不良比赛的情绪影响，保持稳定的心理状态，建立取得比赛胜利的信心等。

3. 赛后心理调节

在比赛结束后，运动员的身心会产生极度的疲惫，因此进行适当的赛后调节也是心理训练的重要内容。赛后进行心理调节的内容一般体现在两方面：首先对比赛失利的运动员要多进行正面的鼓励，消除比赛失利造成的消极情绪，激发运动员拼搏进取的精神；其次，对取得胜利的运动员在充分肯定的同时，总结经验、消除骄傲自满的情绪，积极

地投入到新的训练中去，争取更高的目标。

二、跆拳道运动员的心理训练方法

（一）跆拳道运动员心理训练的方法

1. 意念训练法

意念训练法是指借助想象或运动表象进行自我的心理暗示，从而改善运动员的个性心理特征和心理过程。如比赛前进行自我暗示，以集中注意力；也可以想象比赛中出现的情况，自己应采用怎样的技、战术去对付；再如可以进行自我的语言调节和鼓励，暗示自己放松，保持稳定的情绪。

2. 诱导训练法

诱导训练法是指通过外界刺激来引导运动员，按照预定的要求去执行的心理训练方法。外界的刺激可以采取信号、口令、多媒体等手段。常用的诱导方法有鼓励、启发、说服、举例和批评等。另外，教练员可以采取示范、多媒体等直观的手段向运动员传递信息。

3. 模拟训练法

模拟训练法是指在训练中，设置未来比赛时可能出现的各种情况，使运动员在近似比赛的条件下，锻炼和提高对正式比赛心理适应能力的训练方法。模拟的对象一般有三个：第一，模拟比赛中可能遇到的对手，针对对方的技术特点制订相应的战术打法；第二，模拟比赛环境，通过模拟比赛的环境，使运动员适应比赛中可能遇到的心理障碍，消除比赛环境带来的负面影响；第三，模拟比赛日程，模拟比赛日程的目的是使运动员适应比赛，从而发挥最佳的竞技水平。

（二）如何克服赛前常见的心理障碍

1. 过度紧张

产生过度紧张的原因一般有惧怕对手、想赢怕输、比赛经验少等。

克服方法：惧怕对手的克服方法是认真地分析对手和自己，力图找到战胜对手的途径，树立比赛的自信心，激发斗志，保持平衡的心态，放开束缚，打出自己的水平。想赢怕输的克服方法是提高自信心，稳定情绪，多考虑比赛中如何发挥技、战术，不要考虑比赛结果。此时教练员要及时地给运动员调整，不要过分地强调比赛的重要性。总之，稳定比赛情绪，及时地进行自我调整，树立信心，激发斗志，放下包袱，一定能够克服紧张的情绪，取得比赛的胜利。

2. 盲目自信

盲目的自信就是俗话说的"轻敌"。具体表现在对比赛不够重视，对比赛中可能出现的情况估计不全。比赛时一旦遭遇挫折就心浮气躁，不能发挥正常的技、战术水平从而造成比赛的失败。

克服方法：做好运动员的赛前教育，充分估计比赛中可能遇到的困难和挫折，做好心理准备，调整好最佳的心理状态，做到遇强不惧、遇弱不懈，胜不骄、败不馁。

3. 注意力分散

注意力分散即俗话所说的"分心"。具体表现在运动员在比赛中反应迟钝，赛期胡思乱想，注意力分散等。

克服方法：在平时训练中要养成专心致志，认认真真的习惯，比赛时仔细研究对手制订相应的战术。另外还可以进行一些针对性的训练，提高运动员的抗干扰能力（如上文提到的模拟训练）。

4. 过度兴奋

过度兴奋是指运动员不能将自己的兴奋水平调整在适宜的时间，出现过早的兴奋和兴奋过头。过早或过度的兴奋会消耗大量的能量，造成比赛时思维反应能力下降，动作变形等。

克服方法：通过各种心理训练方法，提高自控能力和自我调节能力。另外，适量的准备活动和合理的时间安排也是克服兴奋过度的一种方法。

5. 消极

消极主要表现为运动员赛前无精打采、意志消沉、情绪低落、体力下降、缺乏比赛信心甚至无意参加比赛等。

克服方法：端正比赛态度，鼓励自己，增强信心，分析自己的有利条件，找到击溃对手的方案。另外，比赛前的训练安排要科学合理，避免过度疲劳和运动损伤。

第四章
跆拳道品势

第一节　跆拳道品势概述

品势是学习跆拳道的一种方法，是跆拳道练习的一种形式，与中国武术中的套路运动极为相似。它是在预定条件下进行的攻防假设性练习，要求练习者以意设敌，熟练地掌握各种单人技术动作，以便能在正式比赛中运用。因此，练习品势是跆拳道选手入门的必由之路。

跆拳道品势又称型，是以各种手法和腿法为素材，结合各种步型和步法，根据跆拳道运动攻守进退规律编排成的固定练习形式。跆拳道的初级型有太极型（一至八章），晋段型有高丽型、金刚型、太白型、平原型、十进型、地跆型、天拳型、汉水型和一如型等。太极型是初学者应掌握的基本品势。其中太极一章是太极型的基础。通过品势的练习，可使练习者正确掌握攻防动作的技术和规格，提高速度、力量、柔韧、灵敏等身体素质，增强体能与技能，树立自信心，培养一往无前的意志品质。

一、跆拳道品势的特点

（一）动作简练，招式工整

跆拳道品势的动作比较简单，往往是将单个技术动作加以提炼后编排在整套品势中加以演练，且跆拳道品势的技击属性相对淡化，而表演属性得以强化，因此要求动作工整、方正、寻规求矩，招法清楚、准确。动作过程要顺达自然，潇洒自如，绝不可潦草。

（二）左右对称，阴阳合宜

跆拳道品势的每一章、每一套在动作数量上是左右对等的，在技术动作上也是左右对称的，这种阴阳合宜体现出跆拳道品势的变化。阴阳既是矛盾双方的对立，又是统一和转化。

跆拳道品势在技术上讲求出有回势，回有出势，实出而骤回，疾人而闪打，使人防不胜防。

（三）以气促力，刚柔相济

无论品势还是竞技跆拳道，都要求在气势上胜出，多以发出洪亮并带有威慑力的声音来显示自己的能力。跆拳道品势技术动作的起落、转换都要求配合呼吸，随着动作的变化自如运行，不能强作吞吐。还有就是各个动作之间不能有间歇的空隙，要做到"形断意连""势断气连"，善于运用内在的心志活动，通过眼神把前后动作的意向连接起来，使动作贯穿一气。在发力上既不可纯柔，也不可纯刚，主张刚柔相济。正所谓："纯柔纯弱，其势必削；纯刚纯强，其势必亡；不柔不刚，合道之常。"

（四）归原还位，礼始礼终

以准备势开始，又以准备势结束，是自然界回归现象在跆拳道品势中的体现，反映了跆拳道运动"始终归一，循环往复"的精神哲理。练习跆拳道的人非常讲究礼仪精神，在训练中礼节贯穿课的始终。要求跆拳道练习者在练习技术的同时，在道德修养方面也要不断提高自己。通过不断向长辈、教练、老师、队友鞠躬施礼，使跆拳道练习者养成发自内心的行礼习惯，以养成恭敬谦虚、友好忍让的态度和互相学习的作风，并培养其坚韧不拔的意志品质。

二、跆拳道品势的作用

（一）修炼意志，培养品德

为武之道，以德为本，练武习德，这是修炼跆拳道的规矩。"教家立范，品行为先""教子立身，贵在德行"。培养品德是跆拳道教育的必修课。通过跆拳道礼仪教育，可以培养尊师重道、讲礼仪、守信用、见义勇为等道德情操。

（二）身心双修，增强体质

跆拳道素以身心双修为终极目标。通过外练可以利关节、强筋骨、壮体魄；通过内修可以理脏腑、通经络、调精神，使跆拳道修习者身心得到全面的锻炼。尤其是跆拳道的功法，注意静心守神，调气治身，对调节人体的阴阳平衡，和顺气血，改善身体机能和精神状态，起到了"心身交益"的作用。

（三）掌握技击，提高防身

跆拳道是格斗类项目，具有技击的特点。通过跆拳道练习，可以掌握技击方法，锻炼身体的灵活性和协调性。坚持练习，还能增劲力，抗踢打，在多方面身体素质和专项技术上都能得到全面的发展，从而提高克敌制胜，防身自卫的能力。

（四）交流技艺，丰富生活

品势修炼，是跆拳道爱好者以武会友，切磋技艺，交流思想，增进友谊的一种方式。同时跆拳道品势作为跆拳道的一个重要组成部分，具有极高的观赏价值，也是运动员提高竞技水平的一种方式。其精彩的演练，会给观众带来健与美的感受，丰富人们的业余文化生活。

三、学习品势时要注意以下原则和要求

（1）每一个品势均须有开始姿势和结束姿势。

（2）严格按照品势中的正确方向和姿势进行练习，方法要准确，动作要规范，精神要贯注，意识要逼真。

（3）掌握好各个动作的不同速律及其变化。

（4）依据动作的变化及时调整好重心、控制住身体平衡。

（5）了解每个动作的用意，练习中要以意设敌。

（6）每天坚持做品势练习，一次练习一种品势，待熟练掌握一种品势后，再进行下一个品势的学练。

第二节　跆拳道品势的基本功

一、跆拳道基本姿势

跆拳道的基本姿势有并步势、开立势、前探势、马步势、弓步势、后弓势、虚步势及交叉势。

（1）并步势。两脚并拢，身体自然直立，两手握拳，下垂于体侧，两眼平视前方（见图4-1）。

（2）开立势。两脚开立与肩同宽，上体自然直立，两脚尖正对前方，两手自然握拳，垂置于体侧，目光平视前方（见图4-2）。

图 4-1   图 4-2

（3）前探势。又称高前屈立，两脚前后开立如走路，两脚之间相距一脚距离，上体自然直立，前脚尖向前，后脚尖略外展，大部分重心落在前脚上，目光视前方（见图4-3）。

（4）马步势。两脚左右开立，两倍肩宽，两脚尖平行，挺胸收腹拔背，两腿屈膝半蹲，重心落在两脚之间（见图4-4）。

图 4-3   图 4-4

（5）弓步势。又称前屈立，两脚前后分立，相距肩宽，上体自然直立，前腿屈膝，后腿伸直，小腿与地面垂直，前脚尖向前，后脚尖外展，重心落在两脚之间，目视前方（见图4-5）。左脚在前称左弓步，右脚在前称右弓步。

（6）后弓势。又称后屈立，前后脚分立，两脚相距约一步，后脚尖外展90°，后腿屈膝如同骑马状，前腿膝关节微屈，重心主要落于后脚。右腿在后为右后弓步，左腿在后为左后弓步（见图4-6）。

图 4-5　　　　　　　　图 4-6

（7）虚步势。两脚前后开立，相距半步，后腿屈膝半蹲，后脚脚尖外展，前腿膝盖微屈，前脚掌点地，脚跟提起，重心落在后脚（见图 4-7）。左脚在前称左虚步，右脚在前称右虚步。

（8）交叉势。一脚在另一脚的前侧（前交叉步）或后侧（后交叉步）落步，脚尖着地，两腿屈膝交叉（见图 4-8）。

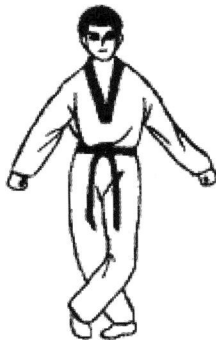

图 4-7　　　　　　　　图 4-8

二、跆拳道基本技术

拳法：冲拳、抄拳、弹拳、鞭拳、截拳、劈拳。

掌法：砍拳、插拳、弧形手掐击、掌根推击。

肘法：击肘、挑肘、顶肘。

膝法：只要是引用撞膝。

腿法：前踢腿、横踢腿、侧踹腿、转身后摆腿、后蹬腿、旋风踢、侧摆踢、推踢、双飞踢、下劈腿。

阻挡技法：单臂抵阻、向外双臂抵阻、向下叉臂阻、向内臂中阻、按掌中阻、双臂外格阻、单臂向上高阻、向上叉臂阻。

第三节　跆拳道品势套路

一、太极一章

太极一章象征八卦的"乾"，乾寓示着宇宙万物的开始，同时又有刚阳之意。因此太极一章是形成跆拳道形态的根本，

太极一章演成路线用"☰"表示，如图4-9所示。

太极一章共有 18 个动作，为了便于初学者学习掌握，在动作构成上大多采用高前屈立姿势，所用技法是中段正拳，上、中、下段防御和前踢等较为简单的动作（注：以下各图中所标线路指示虚线为左，实线为右）。

预备势。两脚开立同肩宽，两膝微屈，屈肘，两手握拳于腹前，拳眼斜相对（见图 4-10）。

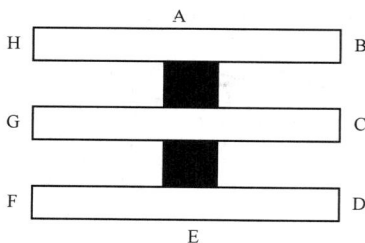

图 4-9　太极一章演武路线图

图 4-10

（一）左高前屈立下挡

身体向左转，左脚转向演武路线 B 方向，呈左高前屈立，左拳屈肘收于右肩位置，然后用力下格，右拳拳心向上抱于腰间，成左下段阻挡姿势，并在动作完成同时发声"啊"（见图 4-11）。

（二）右高前屈立正拳

右脚向 B 方向走一步成右高前屈立，左拳回收至腰间，右拳向前击作中段正拳攻击（见图 4-12）。

图 4-11

图 4-12

（三）右高前屈立下挡

以左脚为轴，身体向右转体 180°，右拳于转身时回收至左肩前；右脚向前一步对 H 方向呈右前屈立，右拳在右脚跨步同时向下用力作下段阻挡，左拳收于腰间（见图 4-13）。

（四）左高前屈立正拳

左脚向前迈一步，呈左前屈立，左拳前击作中段正拳，拳高齐胸，右拳收抱于腰间（见图 4-14）。

图 4-13

图 4-14

（五）左前屈立下挡

身体左转 90°，左拳屈肘收回至右肩前，左脚前跨一步呈左前屈立，左拳同时向下作左下阻挡，右拳收抱腰间（见图 4-15）。

（六）左前屈立正拳

身体与脚步姿势不变，左拳回收抱于腰间，右拳顺势作中段正拳攻击（见图 4-16）。

（七）右高前屈立中挡

左脚不动，右脚向 G 方向迈一步，呈右高前屈立，右拳回收抱于腰间，左手做中段格挡，（见图 4-17）。

图 4-15　　　　　　　　　图 4-16　　　　　　　　　图 4-17

（八）左高前屈立正拳

左脚向 B 方向迈一步呈高前屈立，右拳作中段正拳攻击，左拳收回抱于腰间（见图 4-18）。

（九）左高前屈立中挡

左脚后退一步，以右脚为轴，转身 180°，面向 C 方向呈高前屈立。右手做中段阻挡，左掌回收抱于腰间（见图 4-19）。

图 4-18　　　　　　　　　　　图 4-19

（十）右高前屈立正拳

右脚向前一步呈右高前屈立，右拳收回腰间，左拳顺势作中段正拳攻击（见图 4-20）。

（十一）右前屈立低阻挡

以左脚跟为轴身体右转 90°，右脚向正方向前跨一步，呈右前屈立，右手随转身同时回收至左肩前方，然后用力下格，作单臂低阻动作（见图 4-21）。

（十二）右前屈立正拳

身体姿势不变，右拳收回腰间，左拳用正拳作中段攻击（见图 4-22）。

图 4-20 　　　　　　　　 图 4-21 　　　　　　　　 图 4-22

（十三）左高前屈立上挡

右脚不动，身体重心移至右脚上，身体左转 90°，左脚向 D 方向跨一步呈左高前屈立，用拳作上段单臂防守（见图 4-23）。

（十四）右前踢执著右高前屈立正常

（1）左脚支撑，右脚由屈到伸向前上方蹬踢，两拳置于体侧（见图 4-24）。

（2）右脚顺势向前落，呈右高前屈立姿势，右拳同时作中段正拳攻击，左拳收回抱于腰间（见图 4-25）。

图 4-23 　　　　　　　　 图 4-24 　　　　　　　　 图 4-25

（十五）右高前屈立上挡

以左脚为轴，身体向左转 180°，右脚向 F 方向迈一步，呈右高前屈立，右拳在转身同时收抱腰间，在转身完后迅速做右上段格挡（见图 4-26）。

（十六）左前踢接左高前屈立正拳

（1）右脚支撑，左脚由屈到伸向前上方蹬踢，两拳置于体侧（见图 4-27）。

（2）左脚向前落，成左高前屈立站立，左拳接做中段正拳攻击，右拳收抱腰间（见图 4-28）。

图 4-26   图 4-27   图 4-28

（十七）左前屈立低阻挡

以右脚为轴，身体右转 90°，转向 A 方向，左脚上跨一步，呈左前屈立姿势，左手在转身时屈肘回收至右肩前方，随后做左下段阻挡动作，右拳不动抱于腰间（见图 4-29）。

图 4-29

（十八）右前屈立正拳

右脚向前一步呈右前屈立，右拳用正拳顺攻中段，左拳收抱腰间，同时发声"啊"以示动作结束（见图4-30）。

收势。以右脚为轴，身体左转180°，左脚后撤与右脚平行，与肩同宽站立，两拳拳心向上屈肘收至胸前，然后两拳内旋下沉置于腹前，恢复预备姿势（见图4-31）。

图 4-30　　　　　　　　　　　图 4-31

二、太极二章

太极二章，是指八卦中的"兑"，它在八卦中是"少女"的意思，即外柔而内刚，因此太极二章的型虽然柔和，却柔中有刚，可以做强有力的攻击，其内容从下段防御开始，由中段正拳、前踢、上段防御等18个动作构成。

太极二章演成路线是用"☱"表示，如图4-32所示。

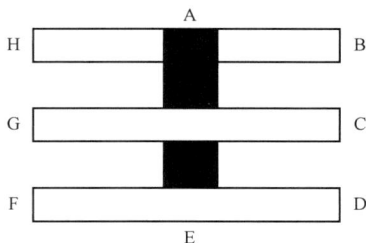

图 4-32　太极二章演武路线图

预备势。同太极一章（见图4-33）。

（一）左高前屈立下挡

身体左转，面向 B 方向，成左高前屈立站立，左拳用力下截，做低阻挡，右拳收抱腰间，并在完成动作同时发声"啊"（见图4-34）。

图 4-33   图 4-34

（二）右前屈立正拳

右脚向 B 方向进一步，成右前屈立，同时右拳顺势作中段正拳攻击，左拳收回于腰间（见图 4-35）。

（三）右高前屈立下挡

以左脚为轴，身体右转 180°，同时右脚向 H 方向一步，呈右高前屈立，右臂用力下截做下阻挡，左拳收抱腰间（见图 4-36）。

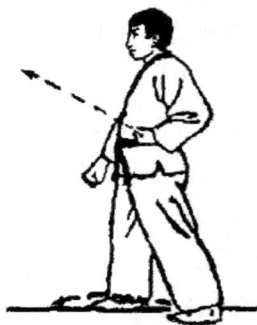

图 4-35   图 4-36

（四）左前屈立正拳

左脚向 H 方向进一步，成左前屈立，左拳同时顺攻中段正拳（见图 4-37）。

（五）右高前屈立中挡

以右脚为轴，身体左转 90°，左脚朝 E 方向移步，成左高前屈立，右拳屈肘向里横格，做中段阻挡，左拳收于腰间（见图 4-38）。

图 4-37

图 4-38

（六）右高前屈立中挡

右脚向 E 方向进一步，成右高前屈立，同时左臂屈肘向里横格，做中段阻挡，右拳收于腰间（见图 4-39）。

（七）左高前屈立低挡

身体左转，左脚向 C 方向转身移步，左臂发力下截，做下段阻挡动作，右拳收于腰间（见图 4-40）。

图 4-39

图 4-40

（八）右前踢接右前屈立正拳

（1）左脚支撑，右脚由屈到伸向前上方踢出，两拳置于体侧（见图 4-41）。

（2）右脚向前下落，成右前屈立；右拳顺势做上段正拳攻击，左拳收于腰间（见图 4-42）。

图 4-41   图 4-42

（九）右高前屈立下挡

以左脚为轴，身体右转 180°，右脚朝 G 方向移步成右高前屈立，同时右拳下截，左拳收于腰间（见图 4-43）。

（十）左前踢接左前屈立高拳

（1）右脚支撑，左脚由屈到伸向前上方踢出，做前踢（见图 4-44）。

（2）左脚落地后，左拳同时顺攻上段正拳，右拳收抱腰间（见图 4-45）。

图 4-43   图 4-44   图 4-45

（十一）左高前屈立上挡

以右脚为轴，身体左转 90°，左脚向 E 方向移步，成左高前屈立，左臂屈肘上架，右拳收于腰间（见图 4-46）。

（十二）右高前屈立上挡

右脚向 E 方向前进一步，成右高前屈立，同时右臂屈肘上架，左拳收于腰间（见图 4-47）。

图 4-46

图 4-47

（十三）左高前屈立中挡

以右脚为轴，身体左转 270°，同时左脚向 F 方向移动，呈左高右前屈立，右臂屈肘由外向里横格，做主段阻挡，左拳收于腰间（见图 4-48）。

（十四）右高前屈立中挡

以左脚为轴，身体右转 180°，右脚朝 D 方向移步，成右高前屈立，左臂同时屈肘由外向里横向做中段阻挡，右拳收抱腰间（见图 4-49）。

图 4-48

图 4-49

（十五）左高前屈立下挡

身体左转 90°，同时左脚朝 A 方向移步；呈左高前屈立，用左拳向下截，作下段低阻挡（见图 4-50）。

（十六）右前踢接右高前屈立正拳

（1）左脚支撑，右腿由屈到伸向前上方蹬踢，

图 4-50

两拳分别置于身体两侧（见图 4-51）。

（2）右脚前落成右高前屈立，右拳同时向前作中段正拳攻击，左拳收抱腰间（见图 4-52）。

图 4-51   图 4-52

（十七）左前踢接左高前屈立中拳

（1）右脚支撑，左腿由屈到伸向前上方蹬踢，两拳分别置于身体两侧（见图 4-53）。

（2）左脚前落成右高前屈立，左拳同时向前作中段正拳攻击，右拳收抱腰间（见图 4-54）。

图 4-53   图 4-54

（十八）右前踢接右高前屈立中拳

（1）左脚支撑，右脚由屈到伸向前上方蹬踢，两拳置于体侧（见图 4-55）。

（2）右脚前落成高右前屈立，右拳同时作中段正拳攻击，并发出"啊"声，左拳收抱腰间（见图 4-56）。

图 4-55　　　　　　　　　　图 4-56

收势。以右脚为轴，身体左转 180°，左脚后退一步，与右脚平行，与肩同宽站立。退步同时两拳拳心向上屈肘收至胸前，然后两拳内旋下沉置于小腹前，恢复预备姿势（见图 4-57）。

三、太极三章

太极三章是指八卦中"离"的意思，离象征火，具有光和热的含义。因此太极三章的形态，含有充满活力的动作，主要由扫下段、前踢、正攻及手刀的攻击与防御等技术动作构成。

太极三章演成路线是用"☲"表示，如图 4-58 所示。

预备势。同太极一章（见图 4-59）。

图 4-57

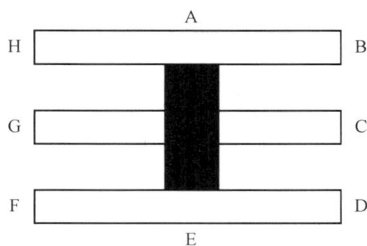

图 4-58　太极三章演武路线图

图 4-59

（一）左高前屈立下挡

身体左转，面朝 B 方向，呈左高前屈立，左拳用力下截，做低阻挡，右拳收抱腰间，并在完成动作同时发声"啊"（见图 4-60）。

73

（二）右前踢

左脚支撑，右腿由屈到伸向前上方蹬踢，两拳置于体侧（见图4-61）。

图 4-60   图 4-61

（三）右高前屈立连环正拳

（1）右脚前落成右高前屈立，右拳同时作中段正拳攻击，左拳收抱于腰间（见图 4-62）。

（2）步法不变，左拳同时向前作中段正拳攻击，右拳收抱腰间（见图 4-63）。

图 4-62   图 4-63

（四）转身下挡

以左脚为轴，身体右转 180°，右脚朝 H 方向上步，呈左高前屈立站立，右拳用力下截，做低阻挡，左拳收抱于腰间（见图 4-64）。

（五）左前踢

右脚支撑，左腿由屈到伸向前上方蹬踢，两拳分别置于身体两侧（见图 4-65）。

图 4-64 图 4-65

（六）左前屈立连环正拳

（1）左脚前落成高左前屈立，左拳同时作中段正拳攻击，右拳收抱于腰间（见图 4-66）。

（2）步法不变，右拳同时向前作中段正拳攻击，左拳收抱腰间（见图 4-67）。

图 4-66 图 4-67

（七）转身砍掌

以右脚为轴，身体左转 180°，左脚朝 E 方向移步，呈左高前屈立，右拳变为手刀，由外向里攻击对手脖颈，左拳收抱腰间（见图 4-68）。

（八）上步砍掌

右脚朝 E 方向移步，呈左高前屈立，左拳变为手刀，由外向里攻击对手脖颈，右拳收抱于腰间（见图 4-69）。

图 4-68   图 4-69

（九）左后屈立外截

身体左转，左脚朝 B 方向移步呈左后屈立，左手刀，由里向外横截，掌与肩平，右拳收抱于腰间（见图 4-70）。

（十）左前屈立正拳

左脚朝 C 方向上半步呈左前屈立，右拳同时向前作中段正拳攻击，左拳收抱腰间（见图 4-71）。

图 4-70   图 4-71

（十一）右后屈立外截

身体右转，右脚朝 E 方向移步呈右后屈立，右手刀由里向外横截，掌与肩平，左拳收抱腰间（见图 4-72）。

（十二）右前屈立正拳

右脚朝 G 方向上半步呈右前屈立，左拳同时向前作中段正拳攻击，右拳收抱腰间（见图 4-73）。

图 4-72   图 4-73

（十三）左高前屈立中挡

以右脚为轴，身体左转 90°，左脚朝 E 方向移步，成左高前屈立；右拳屈肘向里横格，做中段阻挡，左拳收于腰间（见图 4-74）。

（十四）右高前屈立中挡

右脚朝 E 方向上步，成右高前屈立，左臂同时屈肘由外向里做中段阻挡，右拳收抱腰间（见图 4-75）。

图 4-74   图 4-75

（十五）转身下挡

以右脚为轴，身体左转 270°，左脚朝 F 方向移步，成左高前屈立，左臂同时屈肘由上向下做下挡，右拳收抱腰间（见图 4-76）。

（十六）右前踢

左脚支撑，右腿由屈到伸向前上方蹬踢，两拳置于体侧（见图4-77）。

图 4-76　　　　　　　　　　　　图 4-77

（十七）右前屈立连环正拳

（1）右脚前落成右高前屈立，右拳同时作中段正拳攻击，左拳收抱腰间（见图4-78）。

（2）步法不变，左拳向前作中段正拳攻击，右拳收抱腰间（见图4-79）。

图 4-78　　　　　　　　　　　　图 4-79

（十八）转身下挡

以左脚为轴，身体右转180°，右脚朝P方向移步，呈左高前屈立，右拳用力下截，做低阻挡，左拳收抱腰间（见图4-80）。

（十九）左前踢

右脚支撑，左腿由屈到伸向前上方蹬踢，两拳置于体侧（见图4-81）。

图 4-80   图 4-81

（二十）左前屈立连环正拳

（1）左脚前落成左高前屈立。左拳同时作中段正拳攻击，右拳收抱腰间（见图 4-82）。

（2）步法不变，右拳向前作中段正拳攻击，左拳收抱腰间（见图 4-83）。

图 4-82   图 4-83

（二十一）转身下挡正拳

（1）以右脚为轴，身体左转 90°，左脚朝 E 方向移步，成左前屈立，左臂同时屈肘由上向下做下挡，右拳收抱腰间（见图 4-84）。

（2）步法不变，右拳向前作中段正拳攻击，左拳收抱腰间（见图 4-85）。

图 4-84　　　　　　　　　　　　　　图 4-85

（二十二）上步下挡正拳

（1）右脚朝 A 方向上一步，成右前屈立，右臂同时屈肘由上向下做下挡，左拳收抱腰间（见图 4-86）。

（2）步法不变，左拳同时向前作中段正拳攻击，右拳收抱腰间（见图 4-87）。

图 4-86　　　　　　　　　　　　　　图 4-87

（二十三）左前踢下挡正拳

（1）右脚支撑，左腿由屈到伸向前上方蹬踢，两拳置于体侧（见图 4-88）。

（2）左脚前落，成左高前屈立，左臂同时屈肘做下挡，右拳收抱腰间（见图 4-89）。

（3）步法不变，右拳向前作中段正拳攻击，左拳收抱腰间（见图 4-90）。

图 4-88　　　　　　　　图 4-89　　　　　　　　图 4-90

（二十四）右前踢下挡正拳

（1）左脚支撑，右腿由屈到伸向前上方蹬踢，两拳置于体侧（见图4-91）。

（2）右脚前落，成右高前屈立，右臂同时屈肘做下挡，左拳收抱腰间（见图4-92）。

（3）步法不变，左拳向前作中段正拳攻击，右拳收抱腰间（见图4-93）。

图4-91

图4-92

图4-93

收势。同太极一章（见图4-94）。

四、太极四章

太极四章是以八卦中的"震"为代表，意思是具有警惕性、权威性和虔诚的态度。本章套路中包括了贯手、中段外腕侧防、侧踹、手刀的防御与进攻等多种技法，需要细心揣摩，才能熟练掌握。

太极四章演成路线是用"☳"表示，如图4-95所示。

预备势。同太极一章（见图4-96）。

图4-94

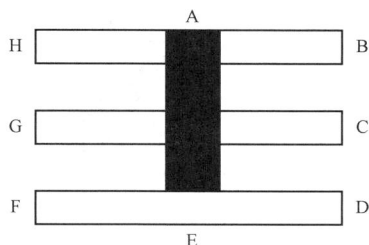
图4-95 太极四章演武路线图

图4-96

（一）左转身外截

身体左转，左脚向 B 方向移步成后屈立；两拳变为手刀，左手刀向左侧横截，与肩同高；右手刀置于上腹前，手心向上，同时发声"啊"（见图4-97）。

（二）前屈立贯手

右脚朝 B 方向上一步，成右前屈立；左手臂内旋，屈肘下按；右手刀成贯手前插击，指尖朝前（见图4-98）。

图 4-97

图 4-98

（三）右转身外截

以左脚为轴，身体右转，右脚向 H 方向移步成后屈立；右手刀向左侧横截，与肩同高；左手刀置于上腹前，手心向上（见图4-99）。

（四）右前屈立贯手

右脚朝 H 方向上一步，成右前屈立；右手臂内旋，屈肘下按；左手刀成贯手前插击，指尖朝前（见图4-100）。

图 4-99

图 4-100

（五）转身架砍

以右脚为轴，身体左转，左脚向正方向移步成前屈立；右手刀由外向里横砍，掌心向上；左臂屈肘上架，置于额前（见图4-101）。

（六）右前踢正拳

（1）左脚支撑，右腿由屈到伸向前上方蹬踢，两拳置于体侧（见图4-102）。

（2）右脚前落，成右前屈立，两手刀变拳，左拳向前作中段正拳攻击，右拳收抱腰间（见图4-103）。

图4-101　　　　　　　　图4-102　　　　　　　　图4-103

（七）左侧踢

右脚支撑，左腿屈膝高抬，脚尖自然勾起；上体稍侧倒，小腿向上翻起，脚掌对准攻击目标，然后猛然转髋拧跨，腿部同时发力,用脚掌沿直线向E方向蹬踹(见图4-104)。

（八）右侧踢

左脚前落，右脚接做右侧踢，要求同左侧踢（见图4-105）。

（九）后屈立外截

右脚下落成后屈立，两拳变为手刀，左手刀向左侧横截，与肩同高；右手刀置于上腹前，手心向上（见图4-106）。

图4-104　　　　　　　　图4-105　　　　　　　　图4-106

（十）转身左外截

以右脚为轴，身体左后转，左脚向 F 方向移步成后屈立；左拳由里向外横截，拳心向前；右手刀变拳收抱腰间（见图 4-107）。

（十一）右前踢中挡

（1）左脚支撑，右腿由屈到伸向前上方蹬踢，两拳置于体侧（见图 4-108）。
（2）右脚前落，成后屈立；右臂屈肘作中段格挡，左拳收抱腰间（见图 4-109）。

图 4-107　　　　　　　　　图 4-108　　　　　　　　　图 4-109

（十二）转身右外截

以左脚为轴，身体右转 180°，右脚向 D 方向移步成后屈立；右拳由里向外横截，拳心向前；左拳收抱腰间（见图 4-110）。

（十三）左前踢中挡

（1）右脚支撑，左脚由屈到伸向前上方蹬踢，两拳置于体侧（见图 4-111）。
（2）左脚前落，成后屈立；左臂屈肘作中段格挡，右拳收抱腰间（见图 4-112）。

图 4-110　　　　　　　　　图 4-111　　　　　　　　　图 4-112

（十四）转身架砍

以右脚为轴，身体左转 90°，左脚向 A 方向移步成前屈立；右手刀由外向里横砍，掌心向上；左臂屈肘上架，置于额前（见图 4-113）。

（十五）右前踢中挡

（1）左脚支撑，右腿由屈到伸向前上方蹬踢，两拳置于体侧（见图 4-114）。

（2）右脚前落，成前屈立；右臂屈肘作中段格挡，左拳收抱腰间（见图 4-115）。

图 4-113　　　　　　　　　图 4-114　　　　　　　　　图 4-115

（十六）转身中挡正拳

（1）以右脚为轴，身体左转 90°，左脚向 C 方向移步成高前屈立；左臂屈肘作中段格挡，右拳收抱腰间（见图 4-116）。

（2）步法不变，右拳向前作中段正拳攻击，左拳收抱腰间（见图 4-117）。

图 4-116　　　　　　　　　　　　图 4-117

（十七）转身中挡正拳

（1）身体右后转180°，面向 C 方向移步成高前屈立；右臂屈肘作中段格挡，左拳收抱腰间（见图4-118）。

（2）步法不功，左拳向前作中段正拳攻击，右拳收抱腰间（见图4-119）。

图 4-118　　　　　　　　　　　　图 4-119

（十八）左前屈立中挡接连环正拳

（1）以右脚为轴，身体左转 90°，左脚向 A 方向上步成前屈立；左臂屈肘作中段格挡，右拳收抱腰间（见图4-120）。

（2）步法不变，右拳向前作中段正拳攻击，左拳收抱腰间（见图4-121）。

图 4-120　　　　　　　　　　　　图 4-121

（3）步法不变，左拳向前作中段正拳攻击，右拳收抱腰间（见图4-122）。

（十九）右前屈立中挡接连环正拳

（1）右脚向 A 方向上步成前屈立；右臂屈肘作中段格挡，左拳收抱腰间（见图4-123）。

图 4-122

图 4-123

（2）步法不变，左拳向前作中段正拳攻击，右拳收抱腰间（见图 4-124）。

（3）步法不变，右拳向前作中段正拳攻击，左拳收抱腰间（见图 4-125）。

图 4-124

图 4-125

（4）步法不变，左拳向前作中段正拳攻击，右拳收抱腰间，同时发声"啊"（见图 4-126）。

收势。同太极一章（见图 4-127）。

图 4-126

图 4-127

五、太极五章

太极五章意味着八卦中的"巽"。巽是风的象征，风可分为微风和强风，微风意味着清静，强风代表着威势。

太极五章的动作代表了清静和威势，它的动作开始时单调和安静，到了后半段，动作变得强劲有力。其中运用了锤拳、臂肘和足跟的技术动作。

太极五章的演武路线用"☴"表示（见图4-128）。

预备姿势

从A位置开始，面对E方向开步站立，成准备势（见图4-129）。

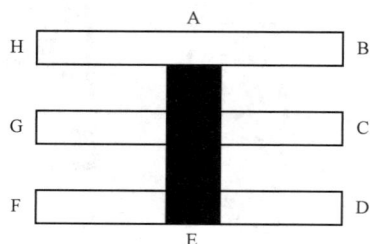

图4-128　太极五章演武路线图

（一）左转弓步下截

身体左转90°，面向B方向，同时，左脚向B方向进一步，成左弓步；同时，左拳向左下截击，右拳收于腰间（见图4-130）。

图4-129　　　　　　　　　图4-130

（二）右转抡臂劈拳

以两脚为轴，身体右转90°，面向E方向，同时，左脚略左移，成开立步站立；同时，左臂自左下向右、向上经脸前向左做直臂抡劈，至左侧平举位置，用锤拳劈击，目视左拳（见图4-131）。

（三）右转身弓步下截

身体右转90°，面向H方向，同时，右脚向H方向进一步，成右弓步；同时，右拳随转体向右下截击，左拳收回腰间（见图4-132）。

图 4-131   图 4-132

（四）左转右抡臂劈拳

身体左转 90°，面向 E 方向，同时，右脚回撤，成开立步站立；同时，右拳自右下向左、向上经由脸前直臂向右抡劈，至右侧平举位置，拳心朝前（见图 4-133）。

（五）进步左右格拳

右脚不动，左脚向 E 方向进一步，成左弓步；同时，左拳向内横格，拳心朝上；右拳回收于腰间（见图 4-134）。上动不停。右拳由外向内横格，拳心朝上，左拳回收于腰间（见图 4-135）。

图 4-133   图 4-134   图 4-135

（六）右前踢右左横格

左脚支撑，右腿屈膝上提，以膝关节为轴由屈到伸直向前上踢去；两臂屈肘自然置于体侧（见图 4-136）。右脚放松前落，成右弓步；同时，右拳由外向内横格，拳心朝上，左拳收于腰间（见图 4-137）。两脚不动，左拳由外向内横格，拳心朝上，右拳回收于腰间（见图 4-138）。

图 4-136　　　　　　图 4-137　　　　　　图 4-138

（七）左前踢左右横格

右脚支撑，左腿屈膝上提，以膝关节为轴由屈到伸直向前上方踢击，两臂屈肘自然置于体侧（见图 4-139）。左脚放松前落，成左弓步；同时，左拳由外向内横格，拳心朝上，右拳收于腰间（见图 4-140）。两脚不动；右拳由外向内横格，拳心朝上，左拳收回腰间（见图 4-141）。

图 4-139　　　　　　图 4-140　　　　　　图 4-141

（八）右弓步抄拳

右脚向前进一步，成右弓步；同时，右拳由下向前上方抄拳攻击，拳心朝上，左拳收于腰间（见图 4-142）。

（九）左后转身外截

以右脚为轴，身体左后转 270°，面向 F 方向，同时，左脚向 F 方向进一步，成右三七步；同时，左拳变手刀向外横截，右拳收于腰间（见图 4-143）。

图 4-142   图 4-143

（十）右弓步摆肘

右脚向前进一步，成右弓步；同时，右臂屈肘夹紧，用肘尖由外向内摆击，左手附于右拳面（见图 4-144）。

（十一）右后转身外截

以左脚掌为轴，身体向右后转 180°，面向 D 方向；同时，左脚向 D 方向进一步，成左三七步；同时，右拳变手刀向外横截，左拳收于腰间（见图 4-145）。

（十二）左弓步摆肘

左脚向前迈进一步，成左弓步；同时，左臂屈肘夹紧，用肘尖由外向内摆击，右手附于左拳面（见图 4-146）。

图 4-144   图 4-145   图 4-146

（十三）左转身下截横格

以右脚掌为轴，身体左转 90°，面向 A 方向，同时，左脚向 A 方向移步，成左弓步；同时，左拳向左下截击，右拳收于腰间（见图 4-147）。两脚不动；右拳由外向内横格，拳心朝上，左拳收回腰间（见图 4-148）。

图 4-147　　　　　　　　　　　图 4-148

（十四）右前蹬下截横格

左脚支撑，右腿屈膝上提，以膝关节由屈到伸向前上方踢击；两臂屈肘置于体侧（见图 4-149）。右脚放松前落，成右弓步；同时，右拳下截，左拳收于腰间（见图 4-150）。两脚不动；左拳由外向内横格，拳心朝上，右拳收于腰间（见图 4-151）。

图 4-149　　　　　　　　　　　图 4-150

图 4-151

（十五）左转身弓步上架

右脚为轴身体左转90°，面向 H 方向，同时，左脚向 H 方向进一步成弓步；同时，左臂屈肘上架，横臂置于额前（见图 4-152）。

（十六）右侧踢接左击肘

以左脚掌为轴外旋 180°，同时屈右膝上提，随身体左转右腿由屈到伸直，向右侧上方侧踢，脚尖勾紧，力达足跟，上体略右侧倾；两臂自然置于体侧（见图 4-153）。右脚迅速放松前落，成右弓步；同时，左臂屈肘夹紧，用肘尖由外向内摆击，右手附于左手处（见图 4-154）。

图 4-152　　　　　　　图 4-153　　　　　　　图 4-154

（十七）右后转弓步上架

以左脚掌为轴，身向右后转180°，面向 B 方向，同时，右脚向 B 方向进一步；同时，右臂屈肘上架，横置于额前，左拳收回腰间（见图 4-155）。

（十八）左侧踢接右击肘

以右脚掌为轴外旋 180°，身体右转略侧倾，同时，左腿屈膝上提由屈到伸直向左侧上方侧踢，脚尖勾紧，力达足跟；两拳自然置于体侧（见图 4-156）。左脚迅速放松前落，成左弓步；同时，右臂屈肘夹紧，用肘尖由外向内摆击，左手附于右手处（见图 4-157）。

图 4-155   图 4-156   图 4-157

（十九）左转身下截横格

以右脚掌为轴，身体左转 90°，面向 A 方向，同时，左脚向 A 方向进一步，成左弓步；同时，左拳下截，右拳收于腰间（见图 4-158）。两脚不动；右拳由外向内横格，拳心朝上，左拳收于腰间（见图 4-159）。

图 4-158   图 4-159

（二十）右前踢交叉步抄拳

左脚支撑，右腿屈膝上提，以膝关节为轴由屈到伸直向前上方踢击；两臂屈肘置于体侧（见图 4-160）。右脚放松下落，左脚向右脚后侧上步，脚尖落地，成交叉步；同时，右拳向前抄击，拳心朝上，左拳收于腰间，随抄拳击出大喝一声"停"（见图 4-161）。

图 4-160

图 4-161

以两脚为轴身体左转 90°，面向 E 方向，两脚开立步站立，成准备势（见图 4-162）。

图 4-162

六、太极六章

太极六章意味着八卦中的"坎"。坎象征着水那样的柔软平静而又汹涌澎湃，千回百转。"坎"。坎象征着水那样的柔软平因此，太极六章的动作是以柔和而又激荡的动作组成。包括手刀防守、旋踢、掌拳等技法。

太极六章是用"☵"表示的（见图 4-163）。

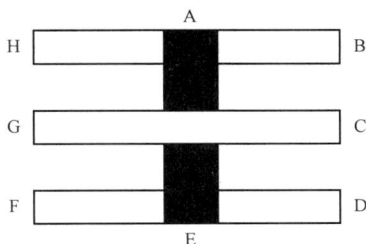

图 4-163　太极六章演武路线图

预备姿势

在 A 位置开立步站立，面向 E 方向，成准备势（见图 4-164）。

（一）左转身下截

身体左转 90°，面向 B 位置，同时，左脚向 B 方向进一步，成左弓步；同时，左拳向左下截击，右拳收于腰间（见图 4-165）。

图 4-164　　　　　　　　　图 4-165

（二）右前踢左横截

左脚支撑，右腿屈膝上提，由屈到伸直向前上方踢击；两手握拳置于体侧（见图 4-166）。右脚放松向后落步，左脚略回撤，成右三七步；同时，左拳由外向内横截，拳心朝上，右拳收于腰间（见图 4-167）。

（三）右转身下截

以左脚掌为轴，身体右转 180°，面向 H 方向，同时，右脚向 H 方向进一步，成右弓步；同时，右拳随转体下截，左拳收于腰间（见图 4-168）。

图 4-166　　　　　　　图 4-167　　　　　　　图 4-168

（四）左前踢右横截

右脚支撑，左腿屈膝上提，由屈到伸向前上方踢击；两臂屈肘置于体侧（见图4-169）。左脚放松后落步，右脚略回撤，成左三七步；同时，右拳由外向内横截，拳心朝上，左拳收于腰间（见图4-170）。

图 4-169

图 4-170

（五）左转身弓步外截

以右脚掌为轴，身体左转90°，面向 E 方向，同时，左脚向 E 方向进一步，成左弓步；与此同时，右拳变手刀向外横截，手心朝下，左拳收回腰间（见图4-171）。

（六）右横踢

左脚支撑，以左脚掌为轴左脚外旋约90°，右腿屈膝上提，随上体略右转，右腿向前方横踢，脚面侧平，力达正脚背。两臂屈肘自然置于体侧（见图4-172）。

图 4-171

图 4-172

（七）左转身外截冲拳

右脚放松回落于左脚右侧，身体左转 90°，面向 C 方向，同时，左脚向 C 方向进一步，成左弓步；同时，左臂屈肘外截，拳心朝下，右拳收于腰间（见图 4-173）。两脚不动；右拳向前内旋平冲，左拳收于腰间（见图 4-174）。

图 4-173　　　　　　　　　　　　　图 4-174

（八）右前踢左冲拳

左脚支撑，右腿屈膝上提，由屈到伸直向前上方踢击；两臂屈肘置于腰间（见图 4-175）。右脚向前放松落步，成右弓步；同时，左拳向前内旋平冲，右拳收于腰间（见图 4-176）。

图 4-175　　　　　　　　　　　　　图 4-176

（九）右后转身外截冲拳

以左脚掌为轴，身体向右后转 180°，面向 H 方向，同时，右脚向 H 方向进一步，成右弓步；同时，右拳外截，拳心朝下，左拳收回腰间（见图 4-177）。两脚不动；左拳向前内旋平冲，右拳收回腰间（见图 4-178）。

图 4-177

图 4-178

（十）左前踢冲拳

右膝支撑，左腿屈膝上提，由屈到伸直向前上方踢击；两拳置于体侧（见图 4-179）。左脚迅速放松前落，成左弓步；同时，右拳向前内旋平冲，左拳收于腰间（见图 4-180）。

图 4-179

图 4-180

（十一）左转身上架下截

以左脚掌为轴，身体左转 90°，面向 E 方向，同时，左脚向左侧移半步，成开立步站位；同时，两臂由下向上交叉架于额前，左臂在前，右臂在后（见图 4-181）。两脚不动；两拳同时由上向左右下方截击，置于体侧，拳眼朝前（见图 4-182）。

图 4-181　　　　　　　　　　图 4-182

（十二）右弓步横截

右脚向前进一步，成右弓步；同时，左拳变手刀由内向外横截，掌心朝下，右拳收于腰间（见图 4-183）。

（十三）左横踢

右脚支撑，以脚掌为轴外旋约 90°，同时左腿屈膝上提，由屈到伸直向前方横踢；两臂屈肘放松置于体侧（见图 4-184）。

（十四）右后转身下截

左脚放松下落靠近右脚，身体向右后转 270°，面向 D 方向，同时，右脚向 D 方向进一步，成右弓步；同时，右拳向右下截击，左拳收于腰间（见图 4-185）。

图 4-183　　　　　　图 4-184　　　　　　图 4-185

（十五）左前踢右外截

右脚支撑，左腿屈膝前提，由屈到伸直向前上方踢击；两拳置于体侧（见图 4-186）。

左脚向后放松落步，右脚略回撤，成左三七步；同时，右拳外截，左拳收于腰间（见图 4-187）。

图 4-186　　　　　　　　　　　　　　　　图 4-187

（十六）左后转身下截

以右脚为轴身体向左后转 180°，面向 F 方向，同时，左脚向 F 方向移步，成左弓步；同时，左拳下截，右拳回收于腰间（见图 4-188）。

（十七）右前踢左外截

左脚支撑，右腿屈膝上提，由屈到伸直向前上方踢击；两臂屈肘置于体侧（见图 4-189）。右脚放松向后落步，左脚略回撤，成右三七步；同时，左拳向外横截，右拳收于腰间（见图 4-190）。

图 4-188　　　　　　　　图 4-189　　　　　　　　图 4-190

（十八）左转身外截

左脚为轴身体左转 90°，面对 E 方向，同时，右脚向 E 方向移步（左脚右后侧），成右三七步；与此同时，左拳变手刀由内向外横截，右拳变手刀置于胸前，手心朝上（见图4-191）。

（十九）退左步外截

左腿向后退一步，成左三七步；同时，右拳变手刀由内向外横截，左手刀置于胸前，手心朝上（见图4-192）。

（二十）退右步按掌

右脚向右后退一步，成左弓步；同时，左手刀旋臂屈肘下按于腹前，手心朝下，右手刀变拳回收于腰间（见图4-193）。

图 4-191　　　　　　　　图 4-192　　　　　　　　图 4-193

（二十一）左弓步右冲拳

两脚不动，右拳向前内旋平冲，左手刀变拳回收于腰间（见图4-194）。

（二十二）退左步按掌

左脚向左后侧退一步，成右弓步；同时，右拳变手刀屈肘旋臂下按腹前，手心朝下，左拳收于腰间（见图4-195）。

图 4-194　　　　　　　　　　图 4-195

（二十三）右弓步左冲拳

两脚不动；左拳向前内旋平冲，右拳回收于腰间（见图4-196）。随左冲拳大喝一声"停！"。

收势

右脚后撤半步和左脚平行，成开立步准备势（见图4-197）。

图4-196　　　　　　　　　　　　　　　　图4-197

七、太极七章

太极七章意味着八卦中的"艮"。艮象征着山，含着浓重沉厚的意思，因此，这种型态要求必须以厚重的力度来完成每一个动作。其中有很多技法，比以前的动作要复杂和困难得多，要认真演练。

太级七章演武线用"☶"表示（见图4-198）。

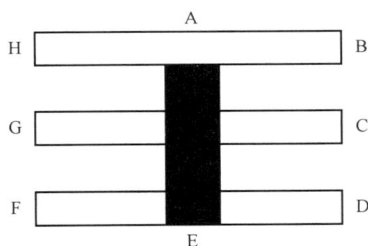

图4-198　太极七章演武路线图

预备姿势

从A位开始，预备势站立（见图4-199）。

（一）左转身手刀内截

身体左转90°，面对B方向，成左虚步（猫足立）；同时，右拳变手刀向内拍击高与胸平，掌心朝左，左拳收于腰间（见图4-200）。

图 4-199   图 4-200

（二）右前踢左内截

左脚支撑，右腿屈膝上提，由屈到伸直向前上方踢击；两臂屈肘置于体侧（见图 4-201）。右脚向后落步，成左虚步；同时，左臂由外向内截击，拳心朝里，右拳收于腰间（见图 4-202）。

图 4-201   图 4-202

（三）右后转身手刀内截

以左脚掌为轴，身体右后转180°，面向H方向，同时，右脚虚点地面成右虚步；同时，左拳变成手刀向内击，拍至胸前，掌心朝右，右拳收于腰间（见图4-203）。

（四）左前踢右外截

右脚支撑，左腿屈膝上提，由屈到伸直向前上方踢击；两臂屈肘置于体侧（见图4-204）。左脚向后落步，成右虚步；同时，右拳外截，拳心朝前，左拳收于腰间（见图4-205）。

图 4-203   图 4-204   图 4-205

（五）左转身下截

身体左转 90°，面向 E 方向，同时，左脚向 E 方向移步，成右三七步；与此同时，两拳变手刀，左手刀向下砍击，手心向下；右手刀屈肘置于胸前，手心朝上（见图 4-206）。

（六）进右步下截

右脚向前上步，成右三七步；同时，右手刀向下砍击，手心朝下，左手刀屈肘置于胸前（见图 4-207）。

（七）左转身右掌按击

身体左转 90°，面向 C 方向，同时，左脚向 C 方向移步，成左虚步；同时，右掌用底掌向前下拍击，掌心朝下；左掌置于右臂下，掌心朝下（见图 4-208）。

图 4-206   图 4-207   图 4-208

（八）左虚步右抄拳

两脚不动；右掌变拳向前上方抄击，拳面冲前，拳心朝上（见图 4-209）。

（九）右后转身左掌按击

以左脚为轴，身体向右后转 180°，面向 G 方向，成右虚步；同时，左拳变底掌向前下按击，右拳变掌置于左臂下，掌心朝下（见图 4-210）。

（十）右虚步左抄拳

两脚不动；左掌变拳向前上方抄击，拳面冲前，拳心朝上（见图 4-211）。

图 4-209   图 4-210   图 4-211

（十一）左转并步抱拳

右脚不动，左脚向右脚并拢，同时身体直立向左转体 90°，面向 E 方向；同时，右手握拳屈肘置于胸前，左手包在右拳外面（见图 4-212）。

（十二）左弓步上格下截

左脚向前进一步，成左弓步；同时，左手掌握拳向上格挡，拳心朝里，右拳向下截击（见图 4-213）。两脚不动；右拳向上格挡，左拳向下截击，拳心均朝里（见图 4-214）。

图 4-212   图 4-213   图 4-214

（十三）右弓步上格下截

右脚向前进一步，成右弓步；同时，右手拳向上格挡，拳心朝里，左拳向下截击（见图 4-215）。两脚不动；左拳向上格挡，右拳向下截击，拳心均朝里（见图 4-216）。

（十四）左后转身双冲拳

以右脚掌为轴，身体向左后转 270°，面向 F 方向，同时，左脚向 F 方向移步，成左弓步；同时，两拳自腰间向前上方同时冲击，拳心向下（见图 4-217）。

图 4-215　　　　　　　图 4-216　　　　　　　图 4-217

（十五）顶右膝叉步双抄拳

左脚支撑，两手抓住对方的衣襟用力下压，同时，右腿屈膝上提，用膝关节向上顶击（见图 4-218）。右脚向前落地，左脚随即跟步，落于右脚的右后侧，脚尖着地成交叉步；同时，两臂外旋，两拳同时向前抄击，力达拳面，拳心朝上（见图 4-219）。

图 4-218　　　　　　　　　　　图 4-219

（十六）退弓步交叉下截

右脚不动，左脚向后退一步，成右弓步；同时，两臂腕部交叉，右臂在外，拳心均向里，向前下作交叉截击防守（见图 4-220）。

（十七）右后转身双冲拳

以左脚掌为轴，身体右后转 180°，面向 D 方向，同时，右脚向 D 方向进一步，成右弓步；同时，两拳由腰间向前上方冲击，力达拳面，拳心朝下（见图 4-221）。

图 4-220   图 4-221

（十八）顶左膝叉步双抄拳

右脚支撑，两手抓住对方的衣襟用力向下压，同时，左腿屈膝上提，用膝关节向上顶击（见图 4-222）。左脚向前落地，右腿随即跟步，落于左脚的左后侧，脚尖着地成交叉步；同时，两臂外旋，两拳同时向前抄击，力达拳面，拳心朝上（见图 4-223）。

图 4-222   图 4-223

（十九）退弓步交叉下截

左脚不动，右脚向后退一步，成左弓步；同时，两臂腕部交叉，右臂在外，拳心均向里，向前下作交叉截击防守（见图 4-224）。

（二十）左转身冲拳

以右脚为轴，身体左转 90°，面向 A 方向，同时，左脚向 A 方向上步，成前行步；同时，左拳立拳向前冲击，拳心向内，右拳收于腰间（见图 4-225）。

图 4-224　　　　　　　　　　　　　　图 4-225

（二十一）右横踢顶右肘

左脚支撑，右腿屈膝上提，由屈到伸直向前方横踢；两臂屈肘自然置于体侧（见图 4-226）。右脚放松前落，成侧向马步；同时，右臂屈肘夹紧，用肘尖向 A 方向顶击，左手掌附于右臂上助力（见图 4-227）。

图 4-226　　　　　　　图 4-227

（二十二）前行步冲拳

右脚不动，左脚稍回收，成前行步；同时，右拳立拳向前冲击，左拳收于腰间（见图4-228）。

（二十三）左横踢顶左肘

右脚支撑，左脚屈膝上提，由屈到伸直向前做横踢攻击；两拳置于体侧（见图4-229）。左脚放松前落，成侧向马步；同时，左臂屈肘，用肘尖向 A 方向顶击，右手附于左前臂上（见图4-230）。

图 4-228   图 4-229   图 4-230

（二十四）马步外截

两脚不动；左拳变手刀向外横截，右拳收于腰间（见图4-231）。

（二十五）马步冲拳

以左脚掌为轴，右脚向 A 方向上一步，成侧向马步；同时，右拳向 A 方向平冲，并随冲拳大喝一声"停！"，左拳收于腰间（见图4-232）。

图 4-231   图 4-232

收势

以右脚为轴，身体左后转 90°，面向 E 方向，两脚平行开立，成准备势（见图 4-233）。

图 4-233

八、太极八章

太极八章意味着八卦中的"坤"。坤象征着大地，大地是万物生长的根源。太极八章既是有级者的最后课程，同时也是入段后的第一课程。凡是能够入段的人，说明其基本技术已经很熟练，因此，这个型是将以前的基本技术经过整理后重新复习一次，所以练习时重复动作减少，但动作变化增多。

太极八章演成路线是用"☷"表示（见图 4-234）。

预备姿势

从 A 位置开始，成准备势（见图 4-235）。

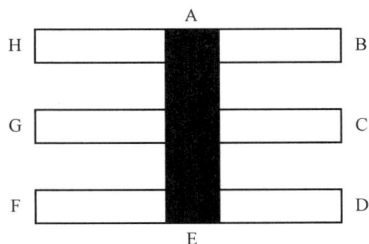

图 4-234　太极八章演武路线图

图 4-235

（一）进步左格右冲

右脚不动，左脚向前（E 方向）进一步，成左三七步；同时，左拳向左外侧格挡，右拳置于腰前（见图4-236）。身体重心前移，成左弓步，右拳顺势向前平冲，左拳回收于腰间（见图4-237）。

图4-236 图4-237

（二）腾空右前踢

右腿屈膝上摆，同时左脚蹬地起跳，身体腾空，右腿屈膝上提；两臂放松置于体侧（见图4-238）。左腿由屈到伸直向前上方踢击，踢击过头；两臂自然置于体侧（见图4-239）。

图4-238 图4-239

（三）左弓步外截冲拳

腾空前踢后右脚、左脚依次落地，左脚前落成左弓步；同时，左拳屈肘外截，拳心朝上，右拳收于腰间（见图4-240）。两脚不动；右拳向前内旋平冲，左拳回收于腰间（见图4-241）。上动不停。左拳向前内旋平冲，右拳收回腰间（见图4-242）。

图 4-240   图 4-241   图 4-242

（四）右弓步顺冲拳

右脚向前进一步，成右弓步；同时，右拳向前内旋平冲，左拳收回腰间（见图 4-243）。

（五）左后转上格下截

以右脚掌为轴，身体向左后转 180°，面向 A 方面，同时，左脚向 F 方向落步，成右弓步；同时，右臂屈肘自内向外上格挡，拳与头同高，左拳向左下截击，与髋同高（见图 4-244）。

（六）左转身弓步抄拳

身体左转 90°，面向 F 方向，重心前移成左弓步；同时，右拳由下向前上方抄击，拳心朝上；左臂屈肘，左拳置于胸前（见图 4-245）。

图 4-243   图 4-244   图 4-245

（七）叉撤步上格下截

左脚向右脚右侧进一步，成交叉步，面向 A 方向；同时，两臂屈肘外旋，两拳向身两侧分格，拳心向里（见图 4-246）。上动不停。右脚向 D 方向上一步，成左弓步；同时，右臂屈肘，向右下方截击，与胯同高，左臂向左上格挡，拳与头同高（见图 4-247）。

图 4-246　　　　　　　　　　　　　　　图 4-247

（八）右转身弓步抄拳

身体右转 90°，面向 D 方向，成右弓步；同时，左臂屈肘，左拳由下向前上方抄击，右拳屈右臂横置于胸前（见图 4-248）。

（九）左后转三七步外截

以左脚掌为轴，身体向左后转 270°，面向 D 方向，同时，右脚向 A 方向退一步，成右三七步；同时，左拳变手刀向外横截，右拳变手刀置于胸前，手心朝上（见图 4-249）。

（十）右脚不动，左脚向前移半步，成左弓步；同时，右手刀变拳向前内旋平冲，左手刀变拳回收于腰间（见图 4-250）

图 4-248　　　　　　　　　图 4-249　　　　　　　　　图 4-250

（十一）左前踢虚步下截

左脚支撑，右腿屈膝上提，由屈到伸直向前上方踢击；两臂屈肘自然置于体侧（见图 4-251）。右脚放松落下，靠近左脚，左脚向 A 方向退一步成右虚步；同时，右拳下截，左拳收于腰间（见图 4-252）。

图 4-251　　　　　　　　　　　　　　　图 4-252

（十二）左转身虚步外截

右脚掌为轴，身体左转 90°，左脚向 c 方向移步，成左虚步；同时，两拳变手刀，左手刀向外横截，右手刀置于胸前（见图 4-253）。

（十三）左前踢弓步冲拳

右脚支撑，左腿屈膝上提，由屈到伸直向前上方踢击；两手自然置于体侧（见图 4-254）。右脚放松前落，成左弓步；同时，右手握拳顺势向前内旋平冲，左拳收于腰间（见图 4-255）。

图 4-253　　　　　　　　　　　　　　　图 4-254

（十四）左虚步手刀内拍

右脚不动，左脚略回撤，成左虚步；同时，左拳变手刀由外向内拍击，拍至胸前；右拳回收于腰间（见图4-256）。

图4-255　　　　　　　　　　　　　　图4-256

（十五）右后转虚步外截

以左脚掌为轴，身体向右后转180°，面向G方向，成右虚步；右拳变手刀向外横截，左手刀置于胸前，手心朝上（见图4-257）。

（十六）右前踢弓步冲拳

左脚支撑，右脚屈膝上提，由屈到伸直向前上方踢击；两手刀自然置于体侧（见图4-258）。右脚放松前落，成右弓步；同时，左手刀变拳向前顺势内旋平冲，右手变拳收回腰间（见图4-259）。

图4-257　　　　　　　　　　　　　　图4-258

（十七）右虚步手刀拍击

左脚不动，右脚略回撤，成右虚步；同时，右拳变手刀由外向内拍击，手刀朝内，左拳回收于腰间（见图4-260）。

图 4-259　　　　　　　　　　　　　图 4-260

（十八）右转身三七步下截

以左脚掌为轴，身体右转90°，面向A方向，右脚向A方向移步，成左三七步；同时，右掌变拳向下截击，左拳收于腰间（见图4-261）。

图 4-261

（十九）双飞前踢

右脚支撑，左腿屈膝上提，由屈到伸直向前上方踢击；两臂屈肘自然置于体侧。左脚前踢伸直的瞬间，右脚蹬地起跳，身体腾空，在空中两腿交换，右腿屈膝上提，由屈到伸直向前上方踢击，左脚向下落地（见图4-262）。

图 4-262

（二十）右弓步里格冲拳

左、右脚依次放松落地，右脚前落成右弓步；同时，右拳由外向内格挡，拳心朝上，左拳收于腰间（见图 4-263）。两脚不动；左拳向前内旋平冲，右拳收于腰间（见图 4-264）。

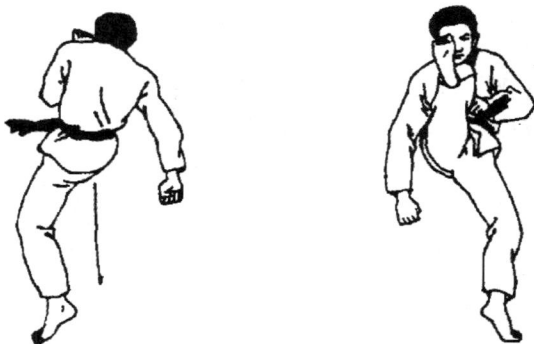

图 4-263

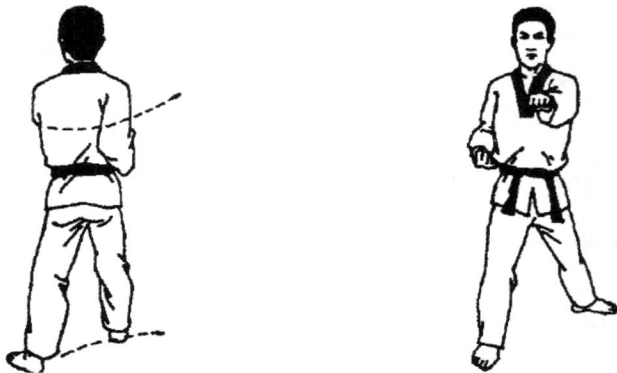

图 4-264

（二十一）左右转身三七步外截

以右脚掌为轴，身体左后转270°，左脚向 B 方向移步，成右三七步；同时，左拳变手刀向外横截（见图4-265）。

（二十二）左弓步摆肘

左脚向前上半步，成左弓步；同时，右臂屈肘夹紧，用肘尖由外向内摆击，左手刀变拳收于腰间（见图4-266）。

图 4-265　　　　　　　　　　　　图 4-266

（二十三）左弓步右抄左冲

两脚不动，仍成左弓步；右拳向前上方抄击，力达拳面，拳心朝上（见图4-267）。上动不停，两脚不动。左拳向前内旋平冲，右拳回收于腰间（见图4-268）。

图 4-267　　　　　　　　　　　　图 4-268

（二十四）右后转身三七步外截

两脚为轴，身体右后转180°，面向 H 方向；右脚略回撤，成左三七步；同时，右拳变手刀向外横截，左拳收于腰间（见图 4-269）。

（二十五）右弓步摆肘

右脚向前上半步，成右弓步；同时，左臂屈肘夹紧，用肘尖由外向内摆击，右手刀变拳收回腰间（见图 4-270）。

图 4-269　　　　　　　　　　　　　图 4-270

（二十六）右弓步左抄右冲

两脚不动；左拳向前上方抄击，力达拳面，拳心朝上，右拳收于腰间（见图 4-271）。两脚仍不动，上动不停。右拳向前内旋平冲，左拳收回腰间（见图 4-272）。

收势

左脚向右脚并拢，右拳回收于腰间，以双脚为轴向左转体 90°，面向 E 方向成准备势（见图 4-273）。

图 4-271　　　　　　　　图 4-272　　　　　　　　图 4-273

第五章

中国武术的国际化发展

第一节　中国武术国际化的意义及背景

一、中国武术国际发展的历史回顾

"武术源于中国，属于世界"。中国武术源远流长、博大精深，是中国民族传统体育中的瑰宝。武术文化是中国传统文化中不可或缺的组成部分，也是中国传统文化的长期积淀和反映。武术文化几乎涵盖了中国传统文化的各种成分和要素，它在长期的发展过程中，汲取了许多社会领域中的有益养分。武术促进了不同国家和民族之间的交流和沟通。

武术已在五大洲开展，并都有了联合组织，国际武术联合会也已正式成立。从亚运会武术竞赛项目的设立到世界武术锦标赛的举办，标志着武术跨出了国门，成为世界体育比赛项目之一。

在中国古代武术向外传播的过程中，由于受客观条件的限制，武术国际传播的对象主要是朝鲜和日本，武术的传播都是随着文化传播而进行的。

随着社会的不断发展，会有越来越多的中国人移居国外，这些人中的习武者将会成为中国武术在海外的固定传播者。

近代对中国武术向国际传播做出贡献最大的是精武体育会和中央国术馆。1910年，霍元甲为实现其"欲使强国，非人人尚武不可"的主张，在上海友人的帮助下创办了精武体操学校，后改名为精武体育会。精武体育会下设技击部，专门负责传播与推广武术。

从1990年成立国际武术联合会到2011年底，已拥有144个正式会员，并且在国际武术联合会的倡导下，已先后在中国、马来西亚、美国、意大利、亚美尼亚、越南等地举行了多届世界武术锦标赛和武术散打对抗赛，同时武术套路已被列为亚运会的比赛项目。

这一切都说明中国武术得到了世界人民的认可，中国武术被越来越多的人所接受。"武术源于中国，属于世界"的观念已经逐步深入人心。武术运动在世界的普及和运动技术的提高等方面得到了国际的支持。这些组织的成立，证明了武术在世界上的发展范围，使武术运动跨入了新的发展阶段。

二、中国武术国际化的意义

作为一种特有的体育文化，武术的发展符合一般民族文化传播的规律，它应该由自然的历史进程和人为的文化传播所组成。作为中国人创造的体育文化，武术又具有不同于许多西方国家体育文化的独特文化意蕴，中国传统文化的粘附性、独特的身体技巧、审美情趣和技击表现力使它在许多方面超越了西方国家的体育文化。武术丰富的文化内涵深深吸引了外国人，使他们为之倾倒。这一东方文化的璀璨明珠，包含了东方文明所特有的文化色彩。

1953 年，在天津举行了新中国第一次规模较大的全国民族形式表演及竞赛大会，武术作为大会主要表演项目之一，迈开了作为体育项目进入竞赛领域的第一步。

从 1959 年中国第一部《武术竞赛规则》的诞生到现在，中国竞技武术已走过了 50 多年的发展历程，初步完成了在民间的自发发展向现代竞技体育的大转型。现今，随着国际武术竞赛的不断举办，以国际竞赛套路为代表的竞技武术在世界范围内得到了广泛的开展，并且散手运动竞赛也趋于成熟。

进入 21 世纪，中外武术文化交流越来越频繁，武术比赛的日益增加使得人们对技术、战术及武术服装与器材有了一定的要求。武术谈判过程中，必然要对世界武术状况、武术能力充分了解，而不同的语言在一定程度上阻碍了人们对武术的了解、传播与发展。

中国武术作为中华民族传统文化的重要载体，积淀着深邃的民族文化思想，形成了集技击、健身、欣赏、娱乐、教育为一体的多功能价值表现体系。而西方竞技体育和奥林匹克运动更注重的是发展体能、突破极限的竞争性价值取向。因此，转变武术文化观念，重新界定武术运动以体育运动为发展模式已势在必行。只有用时代的眼光，用奥林匹克精神完善武术运动体系，摒弃一切以竞技为目的的观念，并在此基础上制定新的武术发展规划，才能使传统武术与竞技武术在本质内容与外在形式上得到统一。

三、中国武术国际化的背景

武术，在中国农耕文明背景下形成并发展至今，以套路、散手包括功法练习为活动内容，以家传或师徒传承为主要方式，以提高技击能力为主体价值，是注重体用兼备的中国民族传统体育活动方式。竞技武术是在传统武术的基础上，在 20 世纪 50 年代开始逐步兴起的，以套路和散手为两大活动内容，以教练员和运动员为活动主体，本着"更快、更高、更强"的奥林匹克精神，依照竞赛规则，以取得优异的运动成绩为根本目的的现代竞技体育运动项目。

中国武术的传统性、竞技性和文化性，不仅反映了武术自身博大精深的文化特征，而且也是中国武术走向世界的基础。武术源于中国，属于世界。中国武术的发展方向，应在民族传统的基础上，依照规范化、科学化和社会化的序列朝着国际化方向发展。中国武术的文化性及其价值，不仅反映了武术自身博大精深的文化特征，而且也是中国武术走向世界的基础。

武术作为传统文化的一种表现形式，从某种意义上讲，可以说是中国文化的一个缩影。既然武术是一种文化，武术以一种民族文化的形式去进行国际的文化交流，显然是可行的。从武术的技击角度来看，武术是"刚柔并济""虚实攻守""以至实用"的技击术，其技法的运用讲求"以静制动""以柔克刚""以小力胜大力"的原则，这与西方追求外在力量表现的竞技体育思想形成了鲜明的对比。

武术的价值，就是凝结在武术发展运动中的精神和物质对我们社会所产生的积极影响和作用的总和，它是武术存在、发展、进步的内在驱动力。

中西体育文化交流虽然也在不断加强，但交流的内容大多停留在技术层面，许多深层次的问题，如心理价值观、思维方式等，彼此之间还有待于深入了解。对于"属于文化、高于体育"的武术，其主要属性依次为文化性、艺术性和体育性。武术属性的准确认知与定位，是武术发展的基础。

中国武术不仅有对抗运动形式，自古传承下来的从功法、单势、套路到拆招、喂手、散手、实战的训练体系，也是中国传统文化中"道"的特点的使然。中国武术丰富多彩的运动形式也是中国武术与众不同之处。世界各民族都有自己的武技，然而很少国家的武技具有套路的运动形式，即使是中国传统文化辐射到的几个东方民族的武技也只是偶有套路形式。

世界上许多体育项目，诸如拳击、击剑、摔跤等都具有技击特点，但是，没有一个项目像武术这样能系统、全面地表现多种形式的攻防技击内容。严格地讲，武术是一个以技击为核心的运动体系，而武术以伦理观为武德核心的教育体系、全面的技击特点和武德教育构成了武术独有的特点。

第二节 中国武术国际发展现状

新中国成立以来，在中国政府的重视和关怀下，武术运动获得了蓬勃发展。不仅有全国性武术比赛、全国武术观察交流大会、民间武艺邀请赛、全国老革命根据地武术比赛、"全国武术之乡"武术比赛、民间武术馆校武术邀请赛等。各地还有定期举办的武术节、武术年会等各种传统武术比赛和邀请赛等。1999 年 5 月在浙江台州成功举办了首届国际传统武术暨绝技大赛，有来自 27 个不同国家和地区的运动员参加了这次比赛。2004 年 10 月在中国郑州成功举办了首届世界传统武术节，为传统武术的继承和发展及向全世界的传播起到了积极的作用。为适应奥运会难美类竞技体育项群的竞技要求，武术套路的竞赛进行了本质性的改革，即在保持组成武术套路动作的本质特征（踢、打、摔、拿）的基础上，加大了"高、难、新、美"的创新，难度动作已趋规范，使竞赛已趋合理。在这种氛围下，武术却在套路上开始分为竞技武术和传统武术。为此我们也应清晰地看到，为了在竞技场争分夺牌，竞技武术已越来越受到人们的重视，而传统武术却在渐趋淡化，该现象应引起武术管理层和广大武术工作者的重视。

套路演练、技术格斗这两种武术运动形式都是中国民族文化的遗产，都应继承和发展。中国武术今后的发展，应采取套路运动与技击运动同时并举的方针，在积极发展套路形式的同时，加强技击格斗的研究，走国内普及、国际推广的道路。

随着竞赛的规范化和竞技水平的越来越高，应最大限度提高并发挥个体技术水平，并使其接近甚至达到极限，实现训练竞赛的目标，同属武术的套路和散手走向了各自完全不同的发展道路。

一、套路运动

套路运动是以技击动作为素材，以攻守进退、动静疾徐、刚柔虚实等变化规律编成的整套练习。套路运动是中国武术一项主要运动形式。这也是有别于其他国家技击术的一种独特运动形式。武术套路不仅有拳术，还有器械和对练，可谓丰富多彩。由于不同的套路有着不同的动作结构、技术特点、运动风格和运动量，因而其适应面相当广泛，人们可以根据自身状况和兴趣爱好进行选择练习。

国际武术联合会自 1990 年 10 月正式宣布成立，到目前为止，武术套路先后举办了十一届世界武术锦标赛和北京 2008 武术比赛、三届世界传统武术比赛。至今，已经形成了包括亚运会武术竞赛、东亚运动会武术竞赛、东南亚运动会武术竞赛、亚洲武术锦标赛、欧洲武术锦标赛、泛美武术锦标赛，以及世界武术锦标赛、世界杯武术散打赛等多种比赛在内的国际武术竞赛体系，极大地推动了武术在世界范围内的广泛开展。

各种竞赛的举行促进了竞技武术套路技术水平的提高。竞赛为广大武术爱好者提供了一个展示自我的平台和一个交流切磋的平台。

二、搏斗运动

搏斗运动是中国武术的又一大运动形式。它是指两人在一定条件下，按照一定的规则进行斗智较力的对抗练习形式。其内容包括徒搏（散手、推手）、短兵、长兵 3 项。目前在国际武术竞赛中开展的只有散手一项。

在由中国武术研究院、中国武术协会主办的 1988 年国际武术节首次举办了国际武术散手擂台邀请赛，来自 15 个国家和地区的近 60 名运动员参加了为期 3 天的激烈角逐。

中国队获得了 7 个级别中 5 个级别的冠军。这一竞赛形式和办法很快被参加比赛的国外朋友所接受，说："中国散手安全、有特色"。1989 年，散手被批准列为体育正式竞赛项目。这是散手运动发展史上一个新的阶段。它必将进一步促使和推动散手运动的广泛开展，提高运动水平，使武术散手走向世界。

散手是中国民族的优秀文化遗产，是在中国特定的社会历史条件下逐渐演变发展形成的，因此它具有鲜明的民族特色。首先，散手在擂台上进行比赛就是沿袭了中国古代民间打擂比武的风俗习惯。其次，在散手技术的应用上，"远踢近打贴身摔"技击方法的多样化和打击部位的多层次，充分体现了中国武术的技术整体性运动特点。民族形式有鲜明的时代性，因此形式不是单一的，而是多变的。国内在举办各种类型、各种层次比赛的同时，还举行了中国功夫与美国职业拳击争霸赛、中国散手与职业泰拳争霸赛，尤其是中国散手王争霸赛的成功举办，引起了强烈的社会反响，得到了世界各国的关注。另外，全国武术科研论文报告会每两年举行一次，这为武术的科学研究创造了良好的学术氛围，对提高武术散手运动向纵深方向发展有极大的好处。

散手国际化就是要把散手运动推向国际，在世界范围内成为一个大家耳熟能详的运动项目。它观众多，参与这项运动的人多，且运动水平也相当高，有非常扎实而广泛的群众基础，这必然促进散手运动持续健康地发展。因此，应努力采取各种方式和手段大力促进散手的国际化，提高其国际化水平，使武术散手能够持续、快速、健康地发展。

中国武术散手项目的国际化是大势所趋，而国际化的前提是在世界范围内足够的普及，这就需要我们在推广之路上借鉴甚至创新。

国际武术联合会十分注重武术散手的普及推广和科学研究工作，要求配合竞赛和训练，多出教材和出好教材。在第一届世界武术锦标赛期间，召开了包括散手内容在内的国际武术论文报告会，为武术散手的全面推广创造了良好的条件。1996 年以来，中国武术协会受国际武术联合会技术委员会的委托，着手编写国际武术散手教材。这些都标志着散手正初步建立起它的体系框架，并朝着规范化、系统化、科学化方向迈出了可喜的一步。

三、中国武术的国际化发展方式

改革开放以来，随着政治经济体制改革的不断深入，中国的武术运动也焕发了勃勃生机。随着武术以崭新的面貌出现在国际体坛，中国武术已进入了全面推广发展的阶段。作为传统文化的一个重要方面，如何扩大武术在海外的影响，这对体现中国民族特有的智慧和力量，发展国际文化交流，增进世界各国人民之间的友谊都有着重要意义。

近几年来武术对外推广形成了很大的声势，国家体委、中国武协为此做了大量且卓有成效的工作，掀起了世界武术活动的高潮，形成了多形式的武术传播渠道。

习武的华侨在国外开馆设场，将自身所学的武术传统技艺传授给当地的功夫爱好者，并通过他们进一步传播。他们的思想和组织体系及教学方式是沿延续中国武术传统的，以门派、家传等单一拳种传授的旧模式，这就使得国外武术的习练和传播带有很大的局限性。港、台武打片的宣传，给武术披上了一层神秘的外衣。影片所展示和描写的也是武术各门各派的传统套路及练功和技击方式，并带有浓厚的宗派、门户等思想和理论。在这种宣传和影响下，大多数外国人的心目中，中国功夫并非等于武术，逐渐造成了理解上的偏差，使武术的整体理论和技术体系在国外难有市场，严重阻碍了武术的国际化。在现阶段，中国武术的国际化可以说是全球华人共同关注的焦点，但是种种现实情况也使中国武术的国际推广工作承受了巨大的压力，在这样的外部环境下，中国武术应该进行彻底的反思，对武术运动的发展进行总结，找出不足。

（一）持续的竞技化发展

体育不仅是人类活动能力的传授和素质的提高，更是传播人类先进文化的载体和媒介，它以一种特殊的方式记述了人类灿烂文化的精髓，又以一种活跃的形式将它发扬光大，它可以将敌对民族变成亲密朋友，强调"以人为本、健康第一"的基本原则，我们"不仅要野蛮其身体，更要文明其精神"，只有将体育作为恢复人的本性与价值的生命活动和社会实践活动，体育才能真正为促进整个社会科学、自由、和谐、持久、全面地发展服务。

西方体育运动思想在不断地促进着武术的改良。为了使武术的发展与西方体育运动在中国的发展同步进行，为了武术更全面地普及，国家体育管理部门从西方体育运动简单化、规范化的角度出发，先后组织体育界、武术界的专家于 1957 年编写了面向不同层次人群习练的武术套路 22 个。这次武术的改革，其核心是武术完全进入体育化发展轨道。运动的武术由此进入一个崭新的发展历程，规则是运动竞赛的准则，对竞赛起到重要的作用，为运动员创造了一个同等条件下公平合理竞争的氛围。因此，规则既要反映出该运动项目当时所达到的运动技术水平，又能引导该项目运动技术水平的发展，具有极强的导向作用。为了适应武术运动的发展，并与现代体育接轨，如何改革和完善武术竞赛规则，制订一套适合推广和可操作的竞赛办法，是摆在武术人面前的一大问题。在传统武术中竞技武术逐渐萌芽。

在 1958 年出版了第一本《武术竞赛规则》，这是武术竞赛规范化的显著标志。此后，随着比赛的日益开展和运动技术水平的提高，其在武术运动的核心位置日趋确立。有了规则并不断地修订完善，也就使比赛的队伍和人员不断壮大，随之而来的是运动成绩的提高。它具有鲜明的时代特点和独立性，体现着现代武术的发展方向和总体水平，成为国家培养和造就高水平优秀武术技术人才的源地。现代竞技武术也自然经历着一从无到有，不断进化、拓展的历程，如今已发展成为套路武术和散手武术。

1990 年，武术开始走向世界，并被列为亚运会比赛项目。1991 年 10 月，北京成功举办了第一届世界武术锦标赛。1994 年，国际武术联合会被世界单项体育联合会正式接纳入会。已经举办了"北京 2008 武术比赛"作为北京 2008 奥运会武术比赛的特设项目，意味着武术已经成为国际性的竞赛项目。

竞技武术的发展从大的方向看，基本上是套路和散手两方面发展的趋势。套路的"高、难、美"更加注重了技巧性和观赏性，武术套路竞赛规则在更完善、更数字化的同时，让人看到了体操化的武术量化痕迹，从规定的难度数量、质量要求和穿插越来越少的拳械基本技法，越来越不明显的攻防特点，可以感觉到它对"武术"这两个字的承载已稍显费力。散手的发展应该说是十分迅猛，在对中国武术技击承载的同时，亦吸收了一些世界其他民族搏击形式的精华内容。散手的规则也在不断地变化，具有刺激性、观赏性和更大经济引力的市场化运行特点。但规则限制之下的技法运用，使中国武术广博的搏击理念在其中只能略窥一二，它对"武术"两个字的承载能力也大打折扣。在广泛交流的同时，散手形成了极具风格的与现今竞技武术套路形式大相径庭的竞技武术两大表现形式，甚至越来越难让人看出它们的密切联系。

竞技武术已走过四十余年的发展历程，武术已完成了由民间的自发习练向现代竞技体育的转型。改革开放后，武术确定了国际化发展战略，中西体育文化进行融合是在传统武术的基础上，汲取西方竞技体育的先进文明因素，不断发展、变化的结果。武术拳种繁多，各呈异彩，然而，并非所有拳种都适于竞技。为推动武术的竞技化发展，中国组织有关专家在传统拳种的基础上，创编了长拳和长拳类项目。此后，又规范了太极拳和南拳，逐步形成了以长拳、太极拳、南拳为主体的武术竞赛体制。竞技武术的缔造者们，大多是传统武术拳种的代表人物。此外，武术专业队老一辈的教练，也大多与传统武术有着割舍不断的联系。由此来看，认为竞技武术套路没有传统的观点，难以立足。

竞技武术得到了国际化传播与发展，成为武术国际化发展的主流和武术国际化程度的标志。

竞技武术具有极强的生命力，中国武术从来没有现在这么强大的影响力，这都得益于竞技武术的强势。竞技武术是武术运动发展的一个主要方面，并不能代表武术运动的全部或中国武术的精髓，即艺术性、观赏性、娱乐性，但它确实为中国武术的发展提供了巨大的贡献。因此，在竞技武术的国际化发展中，改变传统含蓄的价值观念，突出它的竞争性、教育性的价值体现的是竞技武术可持续发展的一个重要环节。

在全球化趋势下，在发展中国民族的体育文化的同时，应该考虑到全球体育文化发展的需要，对人类体育文化发展中所遇到的共同问题加以研究，并为促进这些问题的解决做出特殊的贡献。这是中华民族体育文化的发展方向，也是中国武术的发展方向。

（二）向海外派出教练员团

在现代武术国际传播初期，中国政府派出大量武术表演团出国访问，让所到国家的人们对武术有了较为直观的认识，推动了武术传播。

20 世纪 70 年代末，中国开始对外开放，经济快速发展，政治地位在世界上有显著提高，武术的出访交流活动日益频繁。1982 年 12 月，国家体委在北京召开的全国武术工作会议上提出"要积极稳步地把武术推向世界"。在这一方针的指导下，武术出访连年不断。1984 年中国武术专家组应邀赴瑞士、意大利和英国进行讲学、表演和指导训练。中国武术协会应中日友好协会的邀请选派 11 人参加"第一届全日本太极拳、中国武术表演会"的裁判工作。1988 年以徐才为团长的中国武术代表团赴法国表演访问。

国际武联的前身是国际武术联合会筹备委员会，为国际武术运动的发展及国际武联的正式成立做了大量工作。如委托中国武协向亚洲、欧洲、美洲等 20 余个国家派出教练员和裁判员，举办了三期国际武术教练员培训班、国际裁判员训练班和第十一届亚运会武术裁判员训练班，有 20 多个国家和地区的教练员、裁判员参加了学习。为使武术技术和规则逐步规范化，国际武联筹委会委托中国武协编制了长拳、南拳、太极拳、刀术、剑术、棍术、枪术 7 个竞赛套路的图书和录像，并在澳门举办了以上规定套路的教练员训练班。此外，中国武协还举办了 3 次国际性武术邀请赛，并在 1988 年举办的国际武术节赛会上，将武术散手列为比赛项目，为国际武联成立后举行世界武术锦标赛奠定了基础，为武术进入奥运会国际武联做出了积极的努力。在马来西亚召开国际奥委会执委会会议期间，国际武联组织了"武术中奥表演团"一行 56 人前往吉隆坡，并以北京奥组委名义宴请国际奥委会执委会和有关人员，宴会过程中进行了大约 30 分钟的武术表演。之后，中国不断地邀请国际奥委会委员前往中国观摩武术比赛和以国际武联名义派武术表演团赴各国参加武术比赛和表演，不断扩大武术在世界的影响，不断扩大国际武联会员国的数量。2007 年 8 月 9 日，国际奥委会主席罗格前往郑州，观看了中国国家武术队专场表演。这一系列努力的目的就是让世界了解武术，认识武术。

（三）提高传播组织机构的位相

国际武术联合会，简称国际武联，英文缩写为 IWUF。国际武联组织是一个国际性、非营利、非政府组织，负责管辖世界范围内武术运动项目，并接纳若干管辖这些项目的国家级武术团体，也是国际奥委会唯一承认的国际武术组织。

国际武联的前身是 1985 年 8 月 26 日在西安成立的国际武术联合会筹备委员会。1990 年 10 月 3 日，在北京举办第 11 届亚洲运动会期间，国际武术联合会在北京正式成立（当时会员有 38 个）。国际武术联合会的成立是武术发展史上的重要里程碑。国际武联的宗旨如下：在世界上以各种可能的形式推动和鼓励发展武术运动、组织世界武术锦标赛和国际武联的其他活动，推动和鼓励发展武术国际交流，促进会员协会之间的合作、友好关系及相互了解，通过武术竞赛和健身，提高世界人民的健康水平。自国际武联成立之日起，国际性武术比赛频频举行，武术运动的规模和影响日益扩大，中国武术逐步走向世界。

在中国和国际武术联合会的帮助下，各大洲和各国纷纷成立武术组织。1985 年 11 月，欧洲武术联合会成立。1986 年 11 月，南美武术功夫联合会成立。1987 年 9 月，亚洲武术联合会在日本横滨成立。1989 年，非洲功夫联合会成立。1998 年 6 月，大洋洲武术联合会在新西兰首都惠灵顿成立。这些洲际武术联会定期举办洲际武术锦标赛，如亚洲武术锦标赛、东南亚武术锦标赛、欧洲武术锦标赛、南美洲武术锦标赛。1999年6月20日，在韩国首尔召开的国际奥委会109次全会上，国际武联被吸收为国际奥委会的正式国际体育单项联合会成员，这是武术发展中的又一历史性突破，标志着武术在世界范围内的发展开始走向新的高潮，意味着"把武术推向世界"的雄伟目标的进一步实现，开创了武术在国际传播的新局面。

国际武联在武术运动的世界推广、普及和发展中具有任何组织不可替代的重要地位和特殊作用。2001年国际武术联合会向国际奥委会正式递交了武术进入奥运会的申请，目前武术申奥已得到中国政府的支持。经国际奥委会特批，于北京奥运会期间在北京举办了"北京2008武术比赛"，由北京奥林匹克运动会组织委员会、国际武术联合会主办，中国武术协会承办，比赛共设10枚套路金牌和5枚散手金牌。来自43个国家和地区的武术运动员，共有15个地区夺取了套路和散手项目的奖牌，同样感受了奥运会的热烈气氛。虽然不是奥运会正式比赛项目，但鉴于武术在中国人心目中的特殊地位，中国人对这一项目的关注，不比其他任何项目差。

在现阶段，需要国际武术联合会提高武术的位相和权威性并扩大活动范围。随着中国经济的飞速发展，中外交流日益频繁，中国文化在世界的影响力也越来越大，可以说用中国文化影响世界的时代已经到来。作为一个中国唯一筹备成立的国际体育组织，也是国际奥委会唯一承认的国际武术组织，除了在世界推广武术运动以外，还有传播中国文化的责任和义务。提高组织结构的位相是保障国际武联发展的必要条件。

在今天，文化的内涵越来越丰富，文化的重要性越来越突出，让中国文化适应时代发展，在世界范围内提高中国文化的创造力、凝聚力、亲和力，确实是摆在我们面前的重大任务。

第三节　中国武术国际化发展改革研究

一、改革的必要性与面临的问题

2008年北京奥运会无疑将成为中国体育发展史上的一个分水岭。中国终于实现了百年梦想，举办了奥运会，实现了金牌总数第一。正如有识之士所言，经过北京奥运会的洗礼，中国人的金牌情结将逐步淡化，越来越多的人会更多地关注自己喜爱的项目，关注运动本身。体育决策部门可能会因此重新思考"后奥运"时代的中国体育战略，从而改变中国竞技体育和群众体育发展不平衡的现状。

武术是中国独有的文化资源，中国武术在市场经济条件下拓宽了中国与世界的交流渠道，获得了更大的交流空间。在科技经济上我们都面临着大量的输入，而武术具备大规模产业输出的有利条件，要发挥其特长。北京申奥成功，2008 年奥运会为中国武术国际化发展与产业化发展提供了有利条件。奥运会在中国召开，大大增加了中国体育产业和国外体育产业的交流。在这种有力的条件下，会给中国武术带来非常大的机遇与挑战。

社会的和谐与发展，要求促进人的全面发展，而人的全面发展，离不开健康的身体和健全的精神。身心健康是小康生活的前提、事业发展的依托、社会和谐的基础，而武术是人们保持身心健康的有效途径之一。武术不仅是一种身体运动，更是一种教育手段、一种生活方式、一种精神载体。武术中蕴涵着深刻的和谐理念与和谐精神。从字面上讲"武"字，可理解为"止戈为武"。可以说，和谐是传统武术内涵的特殊美，是中国传统武术文化的标志性理念，是中国传统武术文化的人文精髓和核心，也是构成传统武术发展的根基。我们应以科学发展观为指导，重视对传统武术的和谐思想及现代价值的研究，以确保传统武术健康、和谐、可持续地发展。

当今世界，文化和经济、政治相互交融，在综合国力竞争中的地位和作用越来越突出。文化的力量、精神的力量日益成为影响和制约一个国家发展的极其重要的因素。特别是加入 WTO 以后，中国面临着与其他不同文化的国家之间的激烈竞争。如果我们不能建立起自己的文化优势，就难以在激烈的国际竞争中占据有利地位，实现崛起的目标。

武术是以体育运动为载体的文化，它以其独特的文化内涵、高尚的道德净化作用，与时俱进的经济潜力，有理由高举中国优秀文化的大旗，带领我们勇往直前，面对西方文化的冲击，实现传承中国传统文化的使命。

目前武术的发展面临着许多问题，最主要的问题是竞技武术的发展如何与国际接轨，怎样处理好竞技武术与传统武术的关系，传统武术的发展应走怎样的发展之路，武术如何进一步国际化，武术产业化应如何进行等。

（一）中国武术国际传播中的本土化战略

21 世纪是全球化的时代，文化传播上跨国文化必然要面对和处理交叉文化的问题。如何面对交叉文化和处理文化冲突是传播成败的重要因素之一。异质文化的交流和发展并非是一帆风顺、自然而然的，它受政治、经济、社会、文化等多种条件的影响。

文化本土化具有两层含义：一是对传播主体而言，在一个语言、思维方式均与母国迥然之别的民族传播时，注重精神上的融通，与时代精神相沟通，达到某种精神上的认同，调整和改变自身来适应当地环境，与当地历史文化传统相融合，以更好的借助客体文化要素，从而实现其传播，即当地化；二是对传播客体而言，面对外来文化的介入，积极主动地做出反应，依靠其文化底蕴对其进行选择吸收和再构建，把它溶入本民族的文化，丰富本民族的文化内涵，即民族化。

我们借鉴在中国的几家跨国公司的成功事例。（1）肯德基（KFC）炸鸡自从在 1987 年开了在北京的第一家西式快速服务餐馆后，就成了中国市场中最家庭的国际商标之一。作为现在的世界上最大的炸鸡餐馆公司，KFC 目标将中国作为最有希望的市场并成功的在中国这个巨大的市场上实施本土化战略。在中国的 KFC 的显著成功"不仅是 KFC 的持续的理念"，而且是它的跨文化行销。如中国人素有早餐喝粥和吃油条的习惯，据此，肯德基特别为中国消费者量身定制了"两种粥"和"油条"等早餐。考虑到消费者对早餐的营养要求，又专门研发组成了一个中西合璧的早餐系列。仅 2003 年一年就推出了 20 多款"中国特色"的产品。(2) 可口可乐 1979 年重返中国，经过十几年的发展，可口可乐公司已经形成了辐射全国的生产基地和销售网，年销售额近百亿元。美国可口可乐公司一贯重视广告宣传，可口可乐以最典型化的美国风格和美国个性来打动中国消费者。十几年来广告宣传基本上采用配上中文解说的美国的电视广告版本，这种策略一直采用到 1998 年。在 1999 年发生了显著的变化，第一次选择在中国拍摄，第一次请中国广告公司设计，第一次邀请中国演员拍广告。为了获得更多的市场份额，可口可乐正在大踏步地实施中国本土化。广告画面以活力充沛的、健康的青年形象为主体，"活力永远是可口可乐"成为其最新的广告语。可口可乐营销策略的改变是值得我们深思的。(3) 摩托罗拉公司在中国的每一项投资都遵循的指导原则中，有一条就是"管理的本土化"原则。管理本土化的重要一环是员工本土化。员工本土化是跨国公司在一种跨国环境中培养本地员工，使他们拥有某一职位的能力和知识，并能与世界其他地区同等职位具有相同竞争力。公司给员工很大的发展空间，让他们对未来充满希望。为公司培养一批优秀的后备管理者，这是最有利于公司自身发展的。

中国武术国际化是武术界研究的热点问题。中国武术国际化，就是与世界文化共存的问题。中国武术作为一种异文化有一个被世界文化所认识和接受的过程，最终会达到与世界多种文化共存。

那么，作为中国传统文化载体的中同武术在全球传播过程中如何实现本土化呢？如何理解"武术源于中国，属于世界"这句话呢？虽然传播武术的主体是中国，但接受武术的主体却是外部世界。这里面包含着中国武术国际传播过程中的本土化。

跆拳道的礼仪已经普及到全球范围。在道馆和训练中要讲究礼仪，在日常生活中也要求以礼待人，这是跆拳道对儒家思想的继承和发扬。跆拳道的"礼仪"教育是一种具有良好心理品质的基础教育，应该把它当作一种教育模式，渗透到教学训练的各个环节中去，力争将这种礼仪形式转化为心理动力。把礼仪的修养赋予在社会道德规范之中，使礼仪教育更具有韩国的特征和新的生命力，提高人们的道德水准，发挥其应有的作用。这种价值和作用被西方人接受是一种成果。但换个角度来说，只有西方社会需要并接受这种精神教育，跆拳道才能融入当地文化。

武术国际化发展需要加强对接受主体的研究。接受主体需要什么样的武术？这是国际化发展上需要思考的重要问题。源自中国的武术传播到了国外就必然要受到当地文化的影响，各地对武术的需求程度存在差异。然而，一种外来文化要与本土文化共生共荣，就必然要有一个磨合的过程，在相互比较中实现共同发展，最终实现与当地文化的和谐共处。这也是与中国武术的"和谐"内涵相吻合的。

（二）要缩短与各国水平的差距

随着中国武术的国际化发展，参加世界锦标赛的国家越来越多。比如1991年10月12日至18日在北京举行的第一届世界武术锦标赛，有40个会员国和地区的500多名运动员参赛。2007年11月12日至17日在北京举行的第九届世界武术锦标赛，有来自88个国家和地区的近1500名运动员、教练员、裁判员和官员参加，参赛人数、参赛国家和地区都创历届之最，是全世界武术界的又一次盛会，也是2008年奥运会武术比赛的序曲，它将载入国际武术发展的史册。

1. 我国与世界武术的差距分析

据了解，跆拳道原本名声不及中国武术，他们从20世纪60年代就开始在世界各国举办跆拳道馆，并选派高水平的教练执教。在跆拳道不甚推广的时候，有意让外国运动员拿几枚金牌，增强了外国运动员及其国家的荣誉感，使世界各国的运动员更有信心，更有兴趣练习跆拳道。保持跆拳道在奥运会的正式比赛项目的地位。

武术被列为2008奥运会特设比赛项目，如何缩短外国的武术运动员和中国的运动员水平之间上的差距，是武术管理者应该解决的实际问题。

目前的国际武术比赛以国际武术锦标赛和各大洲区域的比赛为主，亚洲地区不论在竞赛的层次（亚运会）还是竞赛的次数、规模上均处于领先地位。亚洲武术的整体水平也比较高，青年锦标赛、亚运会及各种国家性综合赛事中的武术比赛，各个国家的运动员得到的锻炼比较多，高水平的竞赛有利于整体水平的提高。但是其他洲区除了极个别国家以外仍然存在明显的水平差距。

国际武术联合会和中国武术协会等有关组织为中国武术的传播与推广做出了不懈努力，数次举办了国际教练员培训班，国际裁判员培训班，派出武术表演团出国访问表演，派遣教练出国执教，派出裁判出国讲学、裁判，国内多次举办国际武术赛事活动等工作。目前各国的武术队教练大多数都是中国教练，中国与世界各国的武术交流活动开展得比较好，并且各国运动员与中国运动员的差距越来越小，欧洲和北美地区有不少武术爱好者，也有一定水平。但是，南美洲、非洲地区仍然存在整体水平上的差距。中国武术如何面对参差不齐的问题，从目前的推广方式来看，都是派出教练、裁判、表演团队等。但这种方式条件（如翻译、生活、安全等）上有一定的局限性，比如比较先进发达的国家相比比较落后的国家提供的条件的问题。

2. 武术国际化推广的新思路

武术国际化推广部门应与高校教育部门和各省武术院（地区武术管理中心）加强联系与合作，成立专门负责外国留学生武术教学工作的组织或机构，逐步完善对外武术教学体系，实行针对性的外国留学生的武术教育。因为来华留学人员学成回国之后，所学习的中国武术也随之传到了国外。所以从某种方面来说，来华学习武术的留学生也是国际化传播过程中的重要途径之一。

从当前形势来看，大力发展留学生教育是中国进入国际教育发展的一个很好的切入点，也是武术走向国际化推广的新思路。

第一，为各体育院校的武术留学生提供参加国内武术比赛的机会。制定相关的要求，配备良好的学习、训练环境，以确保留学生能够提高运动技术水平及比赛经验的积累。

第二，武术国际化推广主管部门与国家留学生基金委员会合作，以公派的形式选派人员到各体育院校或各省体工队参专门训练与学习。

第三，在国内比赛项目里增加留学生组和团体赛，即以中国运动员的成绩和留学生的成绩合算的方法来获取成绩。通过比赛，提高国外运动员的技术水平、参与性和积极性等，对武术竞赛进行全面了解。

第四，通过各地区国家的武术协会的推荐和国际武术联合会审核批准，与留学生基金委员会和各省武术管理中心或体育院校合作。每个省队限制不能重复地区和项目，运动员数 2~3 人，由各省武术管理中心来管理和负责。

如果留学生在中国接受四年的科学训练和教育，学成回国之后会为推动当地武术运动水平与武术文化传承起主导作用。首先，不存在当地的语言、生活、安全、风俗、疾病、文化等的障碍，其次，在中国已经学习了中文、全面了解了武术教育所具备的武术国际化传播的能量，也有利于以后的国际赛事、培训班、演出等，起到传播中介的作用。

（三）发展的基本方向——竞技武术与传统武术

竞技武术和传统武术在当代的社会发展中是并行的。传统武术在现代社会的发展中不断地与竞技武术相摩擦，并在摩擦的过程中不断改变自己。我们不可能因为竞技武术是新生的事物而否定传统武术，也不能因为传统武术是中国悠久的文化遗产而去排斥竞技武术，二者是中国人民不同时代智慧的结晶，竞技武术的发展不可能以荒废传统武术为代价，传统武术的发展也不是要等竞技武术磨灭才能完善。

随着时代的变化发展，传统武术中真正能够流传下来的自然是越来越少，因为它的存在要看它的后继者是否拥有同样的执着、激情、悟性。如果练中少了一部分内容，可能过了一段时间这个拳种就失传了。继承传统武术是中国文化的传承，竞技武术是普及武术的途径之一，二者并不矛盾，传统武术与竞技武术都是我们所需要的。

武术竞技化是必然的。传统武术没有规则、没有护具，无法成为现代体育比赛项目，势必要进行改造。武术最早在战国时期因为军事需要出现雏形，在明末清初形成主要流派，到近代武术已演变为以演练和功法练习为主，流行于民间，注重个人精神修炼、道德修养。

竞技武术是中国许多武术工作者为响应奥林匹克精神而从传统武术中提炼发展出来的一项竞技运动项目，在其发展过程中绝不能以牺牲传统武术特点为代价来发展现代竞技武术，而是要在其发展过程中保留和继承传统武术的特点，使其在与竞技体育靠拢的同时而不失武术的风格，因为它不仅是体育项目，还是技击术，更是一种文化，它会像西方体育文化传至东方一样，把武术以文化的形式传至西方国家，让世界各族人民在享受东方文化的同时也进一步分享中国武术的魅力。竞技武术为加入国际性赛事进行了本质性的改革，即在保持组成武术套路动作的本质特征（踢、打、摔、拿）的基础上，加大了"高、难、新、美"的创新，难度动作已趋规范，使竞赛已趋合理。

传统武术是竞技武术的母体，认为竞技武术没有传统的观点，是因为只看到竞技武术对传统武术的超越，而没有深入分析竞技武术对传统武术的继承。

根据时代特点和现代社会需求，传统武术的健身养生价值功能和现代人文价值功能是其现代化发展的前提和定位。传统武术要与时俱进，发展创新，为世人所接受，就要根据时代需求，充分发挥其健身养生价值功能和现代人文价值功能，并充分利用现代传媒方式宣传和推广传统武术，使传统武术具有旺盛的生命力。

在韩国，传统武术和竞技武术之间也有不少的矛盾。关键焦点是教传统武术的人士说竞技武术缺少技击性，花拳绣腿，教竞技武术的人士说他们根本跟不上现代的武术。

传统武术还保存着武术本质的特性和技击性，竞技武术已经达到了顶级的艺术性和在国际上的地位，散手和套路已经有了稳定的自己的领域。可这都是中国武术，对外国人来说，没有传统武术、竞技武术、套路、散手等分别，都是懂了以后才分清的。所以，韩国人认为需要一种有特色、有规范、能够看清楚、有对抗性的武术，然后在理解后才知道自己需要的是什么拳种、什么门派等。

在韩国的中国武术界人士认为武术需要做到以下几个方面。

第一，武术要考虑社会的需求。武术，本身是社会的产物，社会需要什么样的武术，武术就向那个方向发展。第二，武术要得到社会的参与。如果没有人练武术，那武术只能展示在博物馆里面。一定要更多地参与武术，才有发展。第三，加强竞技武术的攻防意识。虽然竞技武术有技击性的攻防含义，可是训练中体现不出来。如果忽略了最基本的内容，那就不属于本来的面貌，所以应该加强结合攻防意识的训练。第四，中国武术传播过程中需要统一的初级课程模式。中国武术有130多个拳种，不可能以130多个课程来传播。而且在国外都是以俱乐部形式传播的，所以应适合俱乐部的内容构成。中国武术的优点和缺点都在其深奥的哲理性和多样性上。那就应该突破这一点，在统一初级课程模式的基础上，哲理性和多样性的教学才会发挥其特色。因为中国武术不仅仅是技击项目，也是人类继承下来的智慧的结晶体。

武术首先是技击类体育项目，它不是表演，它区别于其他运动项目的本质就是它的实用性。提高体育竞技性，才能让中国传统武术得以发扬光大。

传统武术与竞技武术是根与干的关系，传统武术是本源，竞技武术是枝干。竞技武术是在传统武术基础上与西方竞技体育相融合而发展起来的新产物，具有强大的生命力，我们不能否定它，武术的发展就是需要不断地继承、改革、创新。同时，也不能盲目发展竞技武术而否定了传统武术。不管我们以何种形式作为与国际接轨的窗口，都要慎重处理好传统武术与竞技武术的关系。既注重竞技武术的推广，也要注重传统武术的推广。竞技武术难度和运动强度都比较大，绝大部分人并不适于练习竞技武术。传统武术在这方面却有着广泛的适应性。因此，武术在国际化推广中一定要注意竞技和传统的结合。"传统武术是武术之源，是武术发展的基础，是最能体现中国武术的一部分"。

二、传统文化的保护与继承

近几年来，中国社会一直不乏有识之士在为复兴"国术"而进行着不懈的努力，试图通过"国学"中的"国术"这样一个已经相当成熟的中国本土体育系统实现中国传统体育与现代西方体育的相互对话、交流，建构新时代的中国和谐体育，但收效甚微。究其原因，主要是因为缺少一个能够让中国传统体育充分展现自己魅力的世界舞台。

在浩瀚的中国文化中孕育出的中国传统体育形式多样、内容丰富，并且带有浓厚的东方哲学色彩，崇尚道德，贴近自然。这些都与当今世界追求和谐、多元的大趋势不谋而合。

文化的形成、绵延和演绎虽有自身内在的逻辑和独特的规律，但它不能不受到包括自然环境、社会环境和历史传统等在内的各种因素的影响。在一定的历史社会文化条件下，文化显现出一定的继承性和延续性，但其更具有适应性、综合性和时代性的特点。而从文化发展学的角度来说，任何文化都是在对一定的政治、经济和社会发展作出回应的基础上获得生存空间和发展动力的，同时它又将对政治、经济和社会发展产生巨大的影响。

进入 21 世纪，世界各国越来越重视对民族文化的保护、重建和输出。美国凭借其雄厚的经济和政治实力，将大量的精神文化产品、价值观念等输入其他国家，利用文化扩张和渗透这个手段，来达到其称霸世界的目的。

韩国在经济改革中，特别重视把传统文化与现代文化有机结合起来。韩国曾是日本的殖民地，后来又受到战争的破坏，直到 20 世纪 50 年代末，韩国仍处于经济落后状态。从 1962 年实行第一个五年计划到 1980 年间，韩国从一个历经战乱、满目疮痍的贫穷国家，一跃成为亚洲"四小龙"之一，其成功的关键在于它把源远流长的儒家传统文化与从欧美学习来的现代文明成功地结合在一起，在政治和经济改革中不是照搬西方文化、观念，而是在借鉴的基础上发扬自己的民族传统文化，始终倡导儒家文化中的共同道德，信奉"孝悌、忠信、礼义、廉耻"。韩国的经验告诉我们，传统文化与现代化并不矛盾，把传统文化中的有益因素与现代化变革的要求结合起来，应是一个落后民族实现经济现代化的最好选择，因为传统文化价值和道德规范有助于维系社会的和谐与稳定，有助于振奋民族精神和推进民族复兴。

在现代社会上对无形文化财产价值的判断中关键是其文化财产是否有产品化的可能性。产品化主要是经济方面的关联，传统文化的产品化是继承的重要动因。从这一点看，任何民族和社会关心的是如何把传统文化的变化适应到时代需求。把传统文化的资源产品化、观光化是现在社会的需求。

传统武术素来以佛、道、儒的思想观念作为指导思想，重精神、重武德、重修养，但缺乏科学技术的支撑，对自身的认识比较模糊，因此，传统武术的发展需要吸收竞技武术的现代化、科学化的训练理念。竞技武术经过 50 多年的发展，形成了一套比较完整的教学训练、竞赛和普及推广机制，而传统武术由于长期在民间流传，其中有些训练和教学方法尚需进一步改革。因此，传统武术可以吸收竞技武术的有益成分，对自身的训练体系进行研究和创新，达到两者有机的融合。同时传统武术要有科学的发展观，传统武术整个体系的发展都要科学化，包括传统武术的竞赛发展模式、理论技术科研发展模式、教学发展模式、人才培养发展模式、文化发展模式的科学化等。

武术作为民族文化，文化性是其首要属性。因此，武术教育属于文化教育的范畴，武术的爱国主义教育与民族凝聚力功能及武术国际传播所具有的"软力量"功能都是武术文化价值的体现。其次是武术的艺术属性。这使武术具有表现美、展示美的舞台表演价值，以及通过影视展现技击美的价值。体育属性也是武术的属性之一，但武术的体育属性要兼具民族性和艺术性，脱离文化属性而一味追求体育属性，会造成对武术文化的破坏。对武术属性的正确认知与定位，是武术传播的基础。在发展体育化武术的同时，要兼具武术的民族文化性和艺术性，使武术文化在构建和谐社会和和谐世界中发挥作用。

如何在继承的基础上进行创新，并从历史角色转变为时代角色，从民族地域走向全球化的舞台，制定公平又有推动作用的竞赛规则与制度，建立健全科学的理论研究体系，形成一套独特的推广模式和统一的训练模式和礼仪，这是当前中国武术需要面对的一个重大而紧迫的问题，也是关系中国武术今后发展的一个基本问题。在这方面，我们有必要借鉴跆拳道运动推广的成功经验，在坚持民族传统特色的基础上，与时俱进，走现代化、科学化的道路，不断改革和完善竞赛规则，提高教学能力，形成统一、规范的教学体系。走中国特色的体育产业化道路，以现代的市场经营策略来发展和推广中国武术。

没有继承就没有创新，任何知识都是在前人基础上建立起来的。没有创新就没有进步。百余年来，武术现代化是以西方体育为范式而进行的，西化模式加快了传统武术的现代化转型，同时也带来了武术现代化的困窘。对"西化"模式的检讨与文化寻根意识的增强，引发了人们对"本土化"模式的关注与探索。武术现代化必须在植根传统的基础上，才能创造新的未来。物质文明的发展，造就了西方文化的霸权，伴随着人类对生命精神的关注，中国文化将成为世界文化的趋向，武术必将迎来新的腾飞。

第四节 中国武术的国际化发展方式

一、加强组织的活跃性（国际武术联合会）

（一）国际武术联合会与世界跆拳道联盟的比较

世界跆拳道联盟成立于 1973 年，1975 年正式加入了国际单项体育联合会总会

（GAISF），1980 年被国际奥委会（IOC）正式认定为管理全世界跆拳道事业的国际机构。

现在世界跆拳道联盟已经拥有 188 个会员国，其总部坐落在韩国首尔。联盟设有总会及执行委员会，是决定联盟事务的主要机构。该联盟的主要事务有主办以世界跆拳道锦标赛为代表的各种国际跆拳道比赛，开发教育项目，进行文化交流，为跆拳道事业尚不发达的国家提供各种支援。

跆拳道在 1988 年首尔奥运会和 1992 年巴塞罗那奥运会上曾作为表演项目在奥运会赛场上亮相，直到 2000 年悉尼奥运会和 2008 年北京奥运会才被列为正式比赛项目，男、女项目各设 4 枚金牌，两届奥运会都取得了圆满成功。悉尼奥运会、雅典奥运会、北京奥运会上总共有 20 多个国家夺取了跆拳道项目的奖牌，可以说，这 20 多个国家的跆拳道水平已经趋于平衡。跆拳道已在新加坡国际奥委会大会上被继续保留为 2012 年伦敦奥运会的正式比赛项目，越来越多地赢得了世界人民的喜爱。

国际武术联合会，简称国际武联，英文缩写为 IWUF。国际武联组织是一个国际性、非营利、非政府组织，负责管辖世界范围内武术运动项目，并接纳若干管辖这些项目的国家级武术团体，也是国际奥委会唯一承认的国际武术组织。联合会设有总会及执行委员会等，是决定联盟事务的主要机构。该联盟的主要事务有主办以世界武术锦标赛为代表的各种国际武术比赛，推动和鼓励发展国际交流，鼓励发展武术运动，加强会员协会之间的合作、友好关系及相互了解，通过武术的竞赛和健身，提高世界人民的健康水平。

（二）加强组织的活跃性

为使武术尽快走向世界，中国武术协会和国际武术联合会举办了一系列规模较大的国际武术活动。1986 年在济南举办国际武术教练员训练班。1987 年在中国杭州举办了第 1 届国际武术裁判员训练班。为完成第 11 届亚运会武术竞赛的任务，中国武协受国际武术筹委会委托，于 1989 年完成了 7 个国际竞赛套路的编创任务，同年在澳门举办第 2 届国际武术教练员培训班上进行推广，并且成功举办了第 11 届亚运会裁判员训练班。1994 年开始，国际武联委托中国武协组织编写以竞赛为主要内容的《国际武术教程》。1999 年，国际武联在香港审核了委托中国武协组织编写的第二套国际竞赛套路。此后，中国武协多次接受国际武联的派遣和委托，派出武术表演团出国访问表演、派遣教练出国执教、派出裁判出国讲学、裁判，国内多次举办国际武术赛事活动，为武术的国际化做出了卓有成效的工作。

武术运动的世界推广离不开国家财力和人力的支持。武术的普及和发展离不开各种国际赛事的举办和参与。

跆拳道的快速发展，离不开韩国大量的财力和人力的支持。我们可借鉴世界跆拳道联盟的活动范围和积极性，他们不仅传播跆拳道的技术，也在政府机构的支持和企业的支援下，为了全世界范围传播韩国文化和提高国家的形象，与其他机构合作合办活动。

比如参加"韩国国际协力团（KOICA）"活动。韩国一个和发展中国家之间增进友谊和互相交流的团体，为了对外无偿协力事业的目的，向国际上需要支援的国家，提供财政、技术、文化等帮助；与"韩国文化院"合作，韩国政府在全世界范围设置的介绍韩国及韩国文化的机构，从而提升韩国国家品牌价值，以建立良好的国家形象为目的；世界跆拳道联盟创设"世界跆拳道和平使团"（以下简称"和平使团"），2008 年 7 月初，由韩国各大学挑选出的 28 名优秀跆拳道运动员组成，目标是通过让青少年练习跆拳道创建一个更加和谐的世界，将向跆拳道欠发达国家提供教练、器材方面的援助。和平使团已向俄罗斯、阿富汗、印度、叙利亚和巴拉圭等十几个国家开展友好访问执教，帮助他们开展跆拳道运动。以在世界范围内推广和普及跆拳道运动，并担当民间外交的作用。

国际武联应当学习世界跆拳道联盟的经验，提高活动范围和积极性。中国武术协会可合作组织世界性的教练员、裁判员技术培训班，为世界各国和地区提高技术水平和裁判水平提供方便，也可选派优秀的中国教练员和运动员到各国去传授技术。以《中国武术段位制》的海外普及为例，现行的管理体制是中国武术协会单独承揽此项业务。但单凭中国武术协会一家，力量显得单薄，资源有限，普及效果不明显。笔者认为，为了有效提高段位制的普及效果，中国武术协会与国际武术联合会应加强合作，强化组织分工，实现力量联合，整合资源。这样做有利于集中力量办事情，也有利于国际武术联合会利用其正式的国际组织身份实现对武术国际化传播工作的统一领导。

与文化部门合作，并以多种文字向世界介绍真正的中国武术，因为中国武术的哲理太深奥，外国人是难以理解的，比如"中庸""天人合一""以柔克刚""快慢相同"等。

应加强与高校教育部门合作，成立专门负责外国留学生武术教学工作的组织或机构，完善管理体系，制定外国留学生武术教学相应的规章、制度，逐步完善对外武术教学体系，加强科研力度，编制出具有科学性、实用性、针对性的外国留学生的武术教育。

与其他机构部门合作。比如与"孔子学院"合作也是可考虑的。"孔子学院"已经成了传播中国文化和推广汉语教学的全球品牌。据了解，到 2007 年底，中国在世界的孔子学院已达到 210 所左右，分布在 64 个国家和地区，上正式汉语课程学习的学员有4.6 万人。如果每个孔子学院开设武术课，其效果是相当大的。武术有了市场，才能获得更好的发展空间。

二、产业化发展

近年来，经济市场化概念的使用频率越来越高，如何加快推进中国经济市场化改革一直是社会各界的一个热点话题。市场化是市场机制在一个经济中对资源配置发挥的作用持续增大，国民经济活动对市场机制依赖程度的不断加深和增强的演变过程。

产生于农耕文明背景的中国武术，同自给自足的自然经济之间存在着割舍不断的天然情结。然而，20 世纪末以来，随着我国经济体制由过去的"计划经济"向"市场经济"的转型，中国的各个社会领域都正在经历着"旧貌换新颜"的变更，武术也不例外。

在日益激烈的市场竞争中，武术要寻求发展的空间，就必须考虑消费者的需求，主动地适应市场。因此，武术的市场化改革与发展已成为亟待解决的重要课题。

武术市场化与武术产业化都是伴随着市场经济方向转化的，以致经常出现相互替代的现象，但这两个名词的内涵不尽相同。武术产业化是用产业运作的方式来发展武术事业。在市场经济的大潮中，武术走出了计划经济的藩篱，吹响了市场化、产业化改革与发展的号角。

随着社会文明的进步、市场经济的高速发展，人们的思维模式、价值取向已经发生了重大转变，与经济的联系更加直接和密切。武术产业化是顺应现代体育发展的基本规律和适应市场经济的基本要求而做出的必然选择。

武术产业是武术事业的一个部分，发展武术产业，要运用市场化的手段，把武术作为产品，作为和其他体育项目不一样的产品进行市场开发和推广。要客观、公正地评价武术，更要从历史文化背景和体育产业发展的背景，把握武术产业发展的趋势，解决武术产业在前进和发展中遇到的问题，正确引导武术产业发展的前进方向。武术的发展必须审时度势，要根据人们的爱好、兴趣、不同的习武群体，发展相应的武术体系。武术要发展，经济是基础，而要把握经济主动权，武术走产业化道路就成为必然。

第六章
从国际化历程角度看跆拳道的可取之处

20 世纪 50 年代末 60 年代初，韩国人就着手向世界宣传和推广跆拳道。在跆拳道世界化的过程中，韩国政府组织了队伍在东南亚地区巡回演出，并有计划地向世界各地派遣跆拳道教练，种种举措使得世人对跆拳道有了深刻的认识，为跆拳道向国际发展做好了准备。本章试从跆拳道的发展推广历程及所取得的成功经验进行分析，从而为中华武术的发展及推广提供一定帮助。

第一节　国际化历程中跆拳道内源因素的可取之处

一、传统礼仪的精神导引

跆拳道的礼仪是伴随着跆拳道这个运动项目的产生发展而来的。跆拳道作为朝鲜的国粹，记载着朝鲜 3000 多年的历史文化，它是一个新颖而又古老的体育项目，自从 20 世纪 50 年代中期在朝鲜半岛重新崛起到现在，半个世纪以来，跆拳道运动努力地向世界传播，现已经风靡全球。很多韩国人从小就练习跆拳道，就连小学生都能做出极其高难的动作，他们把礼仪作为一门思想教育的必修课，为培养和发展后备人才提供基础。"礼仪"是人们在长期的学习与交往活动中产生并逐渐积累起来的一种行为规范，将礼仪教育渗透到跆拳道学习中，不仅有利于引导和规范学生的行为举止，加强课堂的组织纪律性，还有助于学生建立和谐的人际关系，维护和促进学生的心理健康。

跆拳道在世界上成功推广很重要的原因之一就是它具有丰富的文化内涵。跆拳道和中华武术一样是一个内外兼修的体育项目，跆拳道运动要求练习者不仅要学习跆拳道的技术，而且更加注重练习者对礼仪和道德修养的学习和遵从，并且在技术的习练过程中不断地从中吸取营养和智慧，形成一种道德思想观念，这就是跆拳道运动的内在精髓。跆拳道中的"礼仪"是跆拳道的一门完整的艺术与学问。"礼仪、廉耻、忍让、克己、百折不屈"是跆拳道的精神宗旨；尊师重道是跆拳道的精神体现；"以礼始、以礼终"是其风格特点。跆拳道的礼仪有两种表现形式：一种是外在的表现形式，是以行礼的方式表现出来的；另一种是内在的表现形式，是发自内心的一种表现形式，从而表现出人的自身修养。

　　跆拳道的礼仪是指练习者从内心深处溢出的自然地表现在人的行为上的高尚的、有价值的举动。跆拳道练习者在学习技术训练之前，首先要学习的是跆拳道的礼仪知识。只有懂得了跆拳道的礼仪知识，才可以练好跆拳道，从而达到最高境界。跆拳道礼仪的学习对于一个跆拳道练习者非常重要，谦虚和正确的言语，忍让和友好的态度，虚心和好学的作风，是跆拳道练习者应当遵循的重要礼仪。跆拳道推崇"以礼始、以礼终"的尚武精神，它贯穿了"礼仪、廉耻、忍耐、克己、百折不屈"的根本宗旨。跆拳道的礼仪首先是以敬礼的形式体现出来的。它要求练习者在学习与训练中一定要严格遵守礼仪，要学会敬礼。跆拳道中的敬礼，是表示尊重、礼貌、友好、谦虚和感谢，是一种内心思想的外在的表达方式。跆拳道的敬礼要求是，身体面向对方，并步直立，两臂自然置于身体两侧，上体前倾15°，头部前倾45°，目视地面稍停后，还原成直立姿势，行礼完毕。每一个跆拳道练习者在进入训练馆之前都必须身穿白色的、整洁的跆拳道道服，按照要求系好道带，光脚或穿着道鞋后进入训练场地。进入道场后，首先要向国旗和教练行鞠躬礼，以此来表示对祖国的热爱，对国旗的尊重和对教练的尊敬；见到队友时也应该行礼问好，以表示友好。训练课中应时刻保持道服的干净与整洁，每次需要整理服装时要先向教练行鞠躬礼，然后背对国旗、教练及队友整理服装，整理完毕时转身面向教练行鞠躬礼，以表示抱歉，其目的是要求练习者养成干净整洁的习惯。训练中如果出现气势不够、注意力不集中、动作不到位、没有全力以赴等情况，在教练示意后应立即行礼以示抱歉，为的是让练习者在训练过程中可以注意力集中，刻苦训练，减少不必要的伤害；队友之间应相互帮助，在脚靶训练和模拟实战等需要两人配合的训练中，两人应以相互敬礼为开始、相互敬礼为结束，必须认真负责地帮助队友做好每一个动作并及时地纠正错误，两人在交换脚靶或任何训练用品时都需用双手接送，同时行鞠躬礼，这样可以培养队友间的团队精神和相互尊重的良好情感；训练过程中，练习者应该严格按照教练的要求进行练习，教练讲话时练习者需跨立站好或端正坐好目视教练认真听讲，不得随意打断教练讲话，如要提问需行礼鞠躬，得到许可后才可以提出问题，得到解答后行礼鞠躬并说声"谢谢"。在比赛开始前，首先要向教练敬礼，然后向裁判敬礼，在每局比赛的开始还要求向对方敬礼，以表示尊重；在比赛中，如果红方使用了犯规行为攻击青方，当裁判员对红方作出判决时，红方必须服从接受并向裁判员行礼以示歉意；在比赛结束时，应再次向对方行礼，并向对方的教练敬礼、握手以此表示感谢。在比赛过程中即使出现了误判，也要等该场比赛结束后，有礼貌地向裁判员提出问题并要求改正。

跆拳道礼仪的内在表现不仅是从敬礼方面表现出来的，它还包含着人的一种内在的修养。练习跆拳道不但可以修身养性，培养人优秀的意志品质，还可以强身健体，练就人健全的体魄"一分耕耘，一分收获"，竭尽全力地去学习和训练，会给我们带来更多益处和收获。在练习跆拳道的过程中，要严格遵守道德规范，增强法制观念，要有忠于祖国的思想，要有爱国家、爱民族的热情，要在尊敬长辈、尊重他人、遵守规则的前提下磨炼意志。当我们面对艰难、困苦和遭受自我极限的挑战时，可能产生放弃训练、退缩和逃避的念头。这时一定要用坚定的意志去克服杂念，必须学会坚定、忍耐和不屈不挠的精神，战胜自身懒惰。讲礼貌、重礼仪是具有社会属性的现代人的一项重要标志，是一个人的基本素养。无论在家庭、在学校、在社会，一个人展示给他人的首先是其文明礼貌方面的素养。是否讲究文明礼貌，不只是个人的事，而且直接影响周围的人乃至社会风气、民族尊严。而在许多青少年成长过程中，不少家长更多关注的是孩子智力和学业的发展，忽视了礼貌礼仪方面的教育，致使一些孩子不懂礼貌，缺乏礼貌，甚至蛮横无理。在传统观念中，人们常常把如何与人交往，礼貌、礼仪的学习视为"不学而能"的事，无须专门的教育与训练，社会、学校提供给青少年的礼仪示范、礼仪活动和相关礼仪知识不够丰富。事实证明，礼貌、礼仪是一门学问，需要专门的指导。一个文明礼貌的人不是自然形成的，而是与他所接受的教育密不可分，对青少年进行文明礼貌方面的系统指导与训练，对其文明礼貌素质的形成是大有益处的。这就是跆拳道练习者在学习跆拳道礼仪时所应注重的内在的道德修养，它无时无刻不在督促着我们，使我们时时刻刻都可以做到知礼守礼。

"礼仪"教育是一种具有良好心理品质的基础教育，应该把它当作一种教育模式，渗透到教学训练的各个环节中去，力争将这种礼仪形式转化为心理动力，使之成为练习者掌握技术、发挥水平的催化剂。例如在训练中要完成旋转、腾空、起伏、跳跃等技术性强、难度较大的动作，练习者自身身体各部位要协调、和谐、自然、平衡，更重要的是保持心态的平和；实战、比赛中，当裁判偏袒对方或误判的时候，保持良好的心态尤其重要，要不急不躁，宽容大度。往往这种心理品质更能激发运动员的斗志，使他们的技能水平得到最佳发挥。跆拳道作为一个新兴的现代竞技体育项目，更要充分发扬竞技体育"顽强拼搏、奋发向上、力争第一"的精神。竞技体育竞争激烈残酷，而跆拳道博击格斗中体现出来的残酷性更加强烈。正因为它非常残酷，故必须以"礼"为先导。在不失礼、不违反规则的前提下，运动员要用尽一切技能，想尽一切办法积极主动进攻。在激烈残酷的竞争中，将身心融入其中，在训练过程当中将思想升华，从而提高自身素质修养。

二、简单实用的技术体系

跆拳道现已成为全球性的体育运动项目之一，目前全世界已有100多个国家和地区成为跆拳道会员，不仅如此，跆拳道于2000年的悉尼奥运会上被正式列为比赛项目。

跆拳道之所以在短时间内迅速风靡世界，成为都市中最火的运动项目之一，与它简单实用的技术体系是分不开的。单从技术上来讲，跆拳道的技术是经过了科学的提炼的，一方面它比较简单明确，易学好练；另一方面它又是比赛项目，给人一种安全、文明的感觉。

跆拳道技术动作本身的特性就决定了它比中国武术相对要容易学一些。跆拳道与武术的本质都属于技击术，在现实生活中均体现为防身自卫的技能。可到目前为止，武术主要演变为以套路演练为主的形式，虽说技击仍是其技术动作的核心，但它更加注重的是手、眼、身、法、步的配合，给人以美的享受。因此武术的技击性不强，实用性不大，所以许多人对练习武术望而生畏。而跆拳道以其变幻莫测、优美潇洒的腿法闻名于世，被世人称为'踢的艺术，这是跆拳道区别于其他格斗术的一个重要特点，这也是武术（套路）所不能比拟的。跆拳道没有武术（套路）烦琐的动作、路线、方向和身法等，它对"精、气、神"的要求也容易掌握。

跆拳道以腿为主，仅踢击动作就有前踢，侧踢，后踢，钩踢，旋踢，推踢等。因腿的攻击力远远高于手的力量，且攻击时放长击远，威慑力大，是得分的主要方法。跆拳道技术方法中占主导地位的是腿法，腿法技术在整体运用中约占 3/4，其次才是手法的运用。

跆拳道很注重腿法的使用，规则除限制膝关节外，其他腿法如踢、劈、旋、摆、踹、蹬、撩等各种技法均可以进攻。跆拳道实战中脚踢进攻时一般使用的部位包括脚前掌、脚趾、脚背、足刀、脚后跟、脚后掌（脚跟底部）。利用这些部位可以进行站立踢、跳动踢、助跑踢、转身踢和飞踢等不同形式的踢法进攻，而且每种踢法所踢击的部位各有不同。实战过程中，运用脚踢时要根据具体情况，如对方所处位置、暴露的部位、防守的姿势及双方的距离，选择不同的踢法。脚踢时要利用步法保持身体的平衡，并有效接近对方做出踢击动作。注意两臂的防守。踢击完成马上回到准备姿势，准备下一次的进攻和防守。腿的回位动作要快，以免被对方抓住或抱住。脚踢的练习方法主要是靠平时用各种腿法踢击悬挂的沙袋，经过反复练习提高踢的力量、速度和高度。跆拳道的规则中还明确规定，在得分相同时，"一次脚技优于一次手技"。规则的导向作用促使跆拳道以腿功见长，向着腿法独特、灵活多变方向发展。腿的技法有很多种形式，可高可低，可近可远，可左可右，可直可曲，可转可旋，威胁力极大，是比赛时得分和实用制敌的有效方法。

其次是手法，跆拳道的手法中有拳、掌、肘等多种使用方法，运用手法动作既可以攻击得分，又可以作为防守阻击的招式，但手法在跆拳道中一般偏重于防护、格挡、拦截。练习跆拳道，如果手臂的灵活性很好，就可以自如地控制完成防守和进攻动作，同时也可以变化为拳、掌、肘、肩的多种用法，进行实战。在竞赛规则以外的跆拳道实战中，人体的一些主要关节部位亦可以用来做进攻的武器，或防守的盾牌，这是跆拳道技术的本质，如人体的手、肘、膝、脚等关节部位是跆拳道实战中最常用、最有效的击打武器。

练习跆拳道的另一个技术就是强调气势，通过发声来扬威。无论品势还是竞技跆拳道，都要求在气势上给人以威严，多以发出洪亮并带有威慑力的声音来显示自己的能力。尤其是在竞技跆拳道比赛中，双方练习者都会以规则允许的发声来提高自己的斗志，借以在气势上压倒对手，甚至在出击时配合击打效果使裁判得以认可，争取在心理上战胜对手。所以，跆拳道练习者都要进行专门的发声练习。

跆拳道的方法简练，刚直硬打。不论在比赛时还是在实战中，跆拳道的进攻方法都是十分简捷而有效的。对抗时双方都是直接接触，以刚制刚，用简练硬朗的方法直接击打对方，或拳或腿，速度快，变化多；防守的动作也是以直接的格挡为主，随即是连续的反击动作。防守时很少使用躲闪防守法，追求刚来刚往，硬拼硬打，尽可能保持或缩短双方间的距离，以增加击打的有效性，在近距离拼斗中争取比赛或实战的胜利。

跆拳道的技术风格分为五类：技术型、力量型、散手型、进攻型、防守反击型。

技术型：运动员在比赛中动作稳健，腿法多变，技术成熟，心理稳定，攻防一体，常常使对手在不知不觉中败下阵来。

力量型：运动员身体条件好，腿长肌肉爆发力强，先天素质高人一筹，攻势凌厉，常以力量取胜。

散手型：运动员作风顽强，比赛中多主动进攻，攻守得宜，自成一体，动作非常实用，有很高的训练水平和比赛技术。

进攻型：运动员进攻意识强烈，经常是追着对手攻击，用快速连续的技术动作压制对手。

防守反击型：运动员的技术训练水平很高，也有很多的大赛经验，多是试探性进攻，在对手反击或进攻时找出弱点，然后很直接地回击。

三、行之有效的推广体系

跆拳道能够在短时间内蓬勃兴起，深受大众喜爱的另一个很重要的原因就是它的推广发展体系。

跆拳道采取和同类项目共同发展的策略，先学习同类项目之长，再自成体系，独立发展，这就是它能够受到世界各国认同的原因。跆拳道在充分保留民族特色的基础上，又大胆地借鉴了拳击、柔道等同类项目的长处。同时它激烈的对抗和比赛规则又与泰拳、摔跤类似，但它在本质上又自成一体，与其他同类项目的发展不但没有矛盾，还互相促进。

到 20 世纪 50 年代末 60 年代初，跆拳道开始向国际大力推广。这一时期，以崔泓熙为首的国际跆拳道联盟为跆拳道的推广作出了巨大的贡献，主要包括两个方面。1958年，韩国组织国军跆拳道在东南亚各国巡回表演，并有计划地向东南亚国家派遣教练员，从而普及跆拳道。20 世纪 60 年代，又向越南派出表演团和教官团，这一举措使参加越战的各国军人对跆拳道有了深刻的认识，从而为以后跆拳道进一步推向世界做好了准备。70 年代初，跆拳道的推广取得了重点突破。在这一阶段，韩国国内统一了跆拳道派系，并成立了专门研究跆拳道的机构——国技院，统一完善跆拳道的技术理论体系，改进了竞赛规则、裁判方法和经营管理，并制定了新的发展战略，即以竞技为中心重新组织跆拳道，因而形成了跆拳道新的竞技体系。随着跆拳道在世界各国的迅速普及，这一竞技体系逐步得到世界各国的认可。跆拳道经过40多年的发展，现已形成了完全独立的国际体育组织和正规的国际比赛。以下就是跆拳道普及推广之进展。1973年5月，第一届世界跆拳道锦标赛在韩国首尔举行；1974年10月，第一届亚洲跆拳道锦标赛在首尔举行；第一届中东地区跆拳道锦标赛于1976年举行；1979年举行了第一届非洲跆拳道锦标赛；1975年世界跆拳道联盟加入国际体育单项联合会；1980年WTF获得了国际奥委会的承认；从1986年起，跆拳道被正式批准为亚运会正式比赛项目；1987年被列入泛美运动会、全非洲运动会、东亚运动会正式比赛项目；1988年、1992年两次被列入奥运会表演项目；1994年9月4日，在法国巴黎召开的国际奥委会103届大会上被接纳为2000年悉尼奥运会的正式比赛项目，分别设男子4枚、女子4枚金牌。此外，跆拳道还是世界大学生运动会、南太平洋运动会、世界军人运动会、东南亚运动会、南美运动会等一系列国际体育赛事的正式比赛项目。据资料统计，1987年年底，WTF已拥有142个会员国，每次参加世界跆拳道锦标赛的国家及地区都在100个以上，至今已有160多个国家和地区，超过7 000万人在练习跆拳道。

跆拳道的推广，除了韩国政府大量派出教练员、积极加入奥运会起到很大的促进作用外，以下策略的运用值得借鉴：采取晋段制，颁发段位证书，初级段位取得相对容易；运用腰带对各级别以示区分；统一要求穿道服佩腰带进行训练。跆拳道对服装、腰带的强制要求使得练习者有耳目一新的感觉，觉得自己就是一名运动员，进而产生浓厚的兴趣。服装本身整洁大方，白色的设计显得非常精神。特别需要强调的是，跆拳道的腰带用不同的颜色以区分练习者水平的高低、练习时间的长短。跆拳道管理规范，它分十级、三品、九段，凡学习跆拳道者不管水平高低都有段位。练习者经过一段时间的练习后可申请更高一级段位，且大众普及的初级段位要求不高，只要基本完成规定动作并达到一定的时数便可以晋段。这样一来，使练习者有了锻炼的标准和目标，增强了广大业余跆拳道练习者的积极性，激励他们不断向更高段位迈进。

正是因为每一次有组织的精心策划而又不失时机地向世人展示与自我推销，跆拳道才逐步赢取了世界众多武迷的青睐。

四、正规科学的教学体系

科学的训练方法和鲜明的教学特点是韩国人在一开始推广跆拳道时就很重视的一项内容。那些推广者认识到，只有将跆拳道纳入现代竞技体育轨道，与世界体育大趋势相融合，它才能更迅速、更科学、更系统地发展。

因此，跆拳道推广者大胆摒弃了传统跆拳道中类似表演以及实战性不强等、一些不适应竞技的内容，而将其最符合现代竞技体育要求的竞技性最强的对抗内容提炼成了科学独立的理论和教学体系。与此同时，他们在充分保留民族特色的基础上又大胆借鉴了拳击、柔道、武术等同类项目的长处。现在世界范围内进行跆拳道训练的，除了各国家队、省队以外，大多数是学校、道馆及俱乐部形式的练习。韩国有一所跆拳道学院，称为国技院。这里对跆拳道的教学和理论都有很高的研究，被认为是世界跆拳道的核心。跆拳道实行的是段位制，它的段位考试是非常严格的，高段位还要经过论文答辩。这种等级分明的体制，保证了各个阶段的教学质量。有的国家还设立了黑带学院。韩国人认为跆拳道是韩国文化传统的一个重要组成部分，对国内开展这项运动都持积极的态度。在韩国，大约有 400 万人学习跆拳道，占全国总人口的 8%左右。现在韩国各类学校已经把这项运动纳入体育课程，并安排一定的体育课时向学生传授跆拳道项目的基本知识和技术动作；与此同时它还在青少年和儿童中普及推广。这种教学的目的不仅是强身健体，而且要从小开始培养学生对跆拳道这项运动的认识，使其成为孩子们最喜爱的课余体育项目。同时始拳道也是成年男子的必修军事课程，是所有军人的训练项目。

在跆拳道教学过程中，除了讲究格斗制胜、强身健体之外，它更多地融入了自身潜力的发掘、性格的培养等精神内涵。当今世界早已不需要用格斗去参加战争，韩国人认为技击的最高含义在于通过技术的磨炼以及对自身极限的充分发掘来达到所向往的良好的精神境界，从而从根本上肯定跆拳道在现代社会存在的必要性和重要性。跆拳道的教学过程自始至终都鼓励发声呐喊，不管在进攻、防守、练习、调整甚至休息，也不管是胜利还是失败，呐喊声此起彼伏，连续不断。一堂跆拳道的训练课，从头到尾都可以用喊声震天来形容，这种发声呐喊不仅是一种精神的宣泄，更是一种精神的鼓励。不管你是资深队员，还是新秀；也不管你是领导还是一般职员，只要你一进入跆拳道馆，都很容易被这种气氛感染。这与中国传统武术中所提倡的"师父领进门，修行靠自身"大不一样，跆拳道显得更加放松，更加休闲，在目前社会竞争压力普遍存在的年代，跆拳道所提倡的教学模式显得更具现代化，也更容易被大众所接受。

这一系列正规科学的教学训练体系和教学特点，使跆拳道运动在健康发展过程中，不仅具有技击性、艺术性和技巧性，还同时具有了学术性。

第二节　世界化过程中跆拳道外源因素的可取之处

在跆拳道世界化的进程中，合适的外源因素同样对其起到了巨大的推进作用，强大的经济实力提供能量，科学的发展战略保证方向和决策的准确，合适的机遇提供了事半功倍的可能，而政府的支持进一步保证了跆拳道的顺利发展。

一、经济实力是民族体育发展的决定力量

任何民族传统体育文化，尤其是悠久古老又自成体系具有民族特征的文化，其创生、

演变、丰富、发展都是在特定经济土壤中完成的。以跆拳道为代表的韩国民族传统体育属于社会体育的一部分，它的理论观点、政治观念、目的任务、路线、方针、政策、制度等在阶级社会里都带有一定的阶级性，属于上层建筑范畴。因此经济基础决定了它们的产生、性质、变化和发展。只有它们适合于生产力发展相适应的经济基础时，才会得到发展，并最终成为推动社会进步的力量，否则它们就将成为生产力发展的绊脚石，阻碍社会进步。

经济实力是一切社会活动的基础，是开展一切社会活动的基本条件。体育运动发展水平高低、速度快慢，无不取决于国家的经济水平、人均收入、文化人口的比例及体育经费、场地器材设施等。二战后以武术为代表的中国民族传统体育和跆拳道发展呈现出巨大差距同两国经济发展是息息相关的。韩国经过 40 多年的努力，在经济方面取得了显著成就。20 世纪 50 年代经济从崩溃的边缘走向复苏，60 年代成功地推行了外向型经济发展战略，70 年代跻身于新兴工业国（地区）行列，80 年代发展成为国际市场上一个具有竞争力的国家，90 年代开始进入发达国家行列，成为亚洲最富的"四小龙"之一。20 世纪 70—90 年代，韩国公派大批人员免费向世界传授跆拳道，而这时我国改革开放才开始，武术等一些项目的发展才刚刚起步。

明朝以前，中国 GDP 总量占世界 GDP 总量的 80% 以上。中国经济、文化、体育都是世界上最发达的，武术在当时的普及程度非常高，东南亚各国人民都来中国留学。他们在学习中国文化的同时，也把中国武艺带回自己的国家，并同本民族技艺进行融合，孕育形成了类似武术的一些技艺，如柔道、空手道、跆拳道、泰拳等。近代以来，随着西方经济的强大崛起，东方经济的衰败，西方体育随之成为世界体育的主角。同样在国际奥委会中占主导地位的就是这些在经济上占统治地位的发达国家，欧洲和北美洲成员在国际奥委会中的代表率（奥委会委员国/地区国家总数）分别达 72.1% 和 66.7%，而亚洲和非洲仅分别为 33.3% 和 36.5%。奥林匹克运动项目设置上更是全部来自发达国家。奥运项目在膨胀，奥运"瘦身"的呼声在加剧，某些与奥运会现设项目几乎重复的西方体育项目仍能进入奥运会，但中国体育项目进入奥运会的历程却极度艰难。可见，经济实力仍然是民族体育走向世界的决定性力量。

二、科学发展策略是民族体育发展的关键

民族传统体育作为民族传统文化的一种载体，本身必然存在着精华与糟粕，因此在发展民族传统体育时，我们必须尽可能地利用现代科学理论对其各种功能做出科学的解释。

近些年全球化的跆拳道热已经证明，跆拳道以竞技为中心的推广模式卓然有效。从20 世纪 50 年代末到如今，正是每一次有组织的精心策划而又不失时机地向世人展示与自我推销，跆拳道才逐步赢取了世界众多武迷的青睐。我国的武术要发展，要走向世界，就有必要进行科学的发展。

（一）建立了国内国外推广网络系统，抓住一切有利时机及途径向外推广

跆拳道在韩国团结联合社会各界力量，通过各种途径，树立了其老少皆宜、各阶层皆宜的形象，而这种形象与吸引力的获得，主要得力于韩国内部成功的、有创意的改革。比如通过组织巡回表演团，在世界各洲、国家及地区建立推广发展基地，定期向这些基地派遣援外教练，有重点、有步骤、有目标地将跆拳道推广出去。有研究表明，国外人士习练跆拳道的动机排序中，较重要的一项是了解韩国传统文化。因此其在对外宣传的过程中，其文化属性功能的强化和韩国其他文化的宣传相互映照，起到了相互促进的作用。

（二）韩国跆拳道在向国际推广过程中，重中之重是自身技术体系的调整

综观跆拳道、空手道以及柔道的发展史，可以发现，它们推广的技术体系，无不经历过或正经历现代与传统的争锋。此现象是必然的，任何事物的发展过程中，无不充斥着新与旧的较量，如果没有变，就界定不出现代与传统，也就没有发展与进步之说，韩国跆拳道正是在大胆改革及锐意创新的基础上提炼了以腿法为代表的竞技跆拳道，并迅速得到了人们的认可，为跆拳道的推广起到了巨大的推动作用。

三、抓住机遇是民族体育发展不可或缺的因素

（一）体育消费的增长为民族传统体育的推广和普及创造了有利条件

随着世界经济的发展，人们生活水平不断提高，体育消费成为人们消费的热点。据国家信息中心统计，1995—2005年10年间，我国城镇居民在运动娱乐方面的人均消费支出年平均增长22.5%，且人们娱乐的体育项目也日益多样化、趣味化、个性化，民族传统体育丰富多彩，并具有娱乐和健身功能，能满足人们的参与性消费和观赏性消费要求，这为跆拳道在中国的普及和推广创造了有利条件。

（二）全民健身的实施为民族传统体育的推广和普及提供了发展空间

全民健身旨在促进全民族的身心健康，提高各民族的身体素质水平。近些年，全民参与、全民健身的观念在全球得到了更多人的认可。而跆拳道作为民族传统体育项目，恰好具备了这些特点。民族传统体育项目一般没有高超的技巧、复杂的思索，参与者不需具有深厚的文化修养和专门的运动训练，具有易学、易会的特点，而且它对场地、器材设施的要求也不高，非常适宜全民健身。全民健身的实施也为民族传统体育的推广和普及提供了发展空间。因此，跆拳道的传播占据了良好的天时。

四、政府重视是民族体育发展的稳固保障

政治是人类最重要的活动，它深入社会的各个角落，其影响几乎无所不在。政治以国家的产生和存在为其产生和存在的基础和前提。国家是关系全部政治的根本问题，政治历来就对体育产生着影响。现代社会发展表明，体育与政治这两种现象相互作用表现得越来越紧密，政治干预体育，体育要为一定的政治经济服务；同时体育也向政治渗透。因此民族传统体育的发展与国家政府高度重视密不可分，政府是体育发展的强大后盾和保证。大韩民族"身土不二"的民族观念在政治上的体现就是韩国政府对本国传统体育项目的大力推进和高度重视。

总之，跆拳道是现代竞技体育的新兴项目，它在当今世界的推广与普及的速度是惊人的。这其中有很多长处值得我们学习和借鉴，以利于我们自身的民族传统体育的发展。可以通过借鉴跆拳道运动的全球化快速发展之路，结合我们自己优秀的民族传统文化，走出一条适合我们自身发展、普及民族传统体育发展的途径。

第七章
构建中华武术的国际化方案

　　国际化不等于外国化，国际化是世界化，是包括我们国家在内的全球化。因此，我们所努力构建的中国武术传播模式应该包括两个方向，一为国内，二为国外。通过对武术国际传播系统内外的主要影响因素的分析，明确了武术国际传播中存在的问题及原因。上述的种种因素对武术国际传播的制约并不是单独起作用的，而是多种因素共同作用的结果，各种不利因素的克服才能确保传播系统内外保持良好的状态和互动，形成整个武术传播过程的高效运作，取得好的效果。鉴于此，本章从总体上提出了武术国际传播策略，以保障武术国际传播的顺利进行。对内，以构建武术项目服务体系为主，全面动员国内武术资源；对外，从实际出发，拓展渠道，多方努力，积极进取。

第一节　国内：构建武术项目服务体系

　　服务体系的建立是为了资源更好地流通和资源价值更好地体现。而建立服务体系的关键是寻求社会上资源的可提供者和资源的需求者，然后为他们提供一个适合健康交流的环境，打造一个高效畅通的通道。因此，本书在全面访谈的基础上，根据中国社区受众对武术的需要和中国社区武术发展的实际情况，构建出一个涉及多方面的武术项目服务体系。

　　本节所指武术项目服务体系包括一个技术运作体系和一个运作保障体系，基本结构如图 7-1 所示。

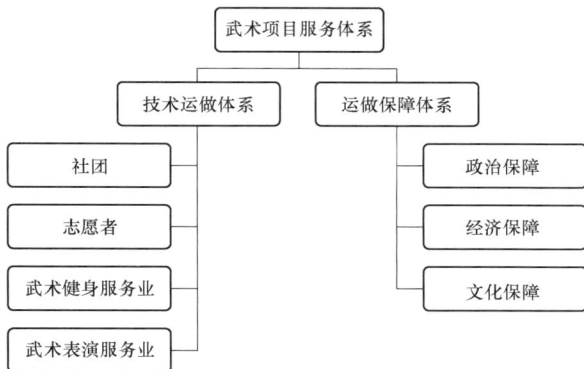

图 7-1　武术项目服务体系架构图

一、以政府为主导，全面构建服务体系的软环境

中国政府的体育行政部门对社会体育指导员实行高度集中的行政管理体制，具有绝对的权威性，这不仅表现在政府部门具有宏观决策、计划、协调和监督的职能，而且具有包括组织培训、对社会体育指导员进行考核和年报统计等微观职能。这种状况使政府体育行政部门陷入大量的事务性工作之中，影响了其宏观管理和政策调控职能的发挥。在日本，社会体育的管理体制是结合型的。文部省、厚生省和劳动省等部门主要承担制定有关社会体育管理的政策法规、对培训机构进行资格认定、规定培训课程内容及时数、对培训与管理过程进行监督等重点事项，使政府体育行政部门宏观管理的职能的效率得以保证。在中国，按照体育管理体制改革中"管办分离"的原则，武汉市体育局社会体育管理中心下的武术项目管理中心，及其下属政府体育行政机构在社区武术管理方面的主要任务为根据国家的整体要求，并与武汉市社会体育发展的具体情况相结合，制定武汉市社区武术管理的政策法规、对社区武术的具体发展过程进行监督、对各种武术培训机构资格进行认定、在不同的群众，武术需要和培训机构之间建立起信息沟通和协调，促进社区内各种武术资源的优化整合，促进武术项目服务体系中涉及的各要素在社区中的顺畅对接。

二、充分利用各种社会资源

20 世纪 80 年代初，中国国内第一次武术热以来，发动社会力量办武已经成为一段时间内各级体委武术工作的重点，全国各地的武术馆校纷纷恢复成立，许多老拳师出来授拳，群众自办武校和私人教拳十分活跃，等到 90 年代初，各级体委又结合自身优势因地制宜组织各种各样的武术培训，这些发展迅猛的武术学校给武术带来新的生机。据《中国经营报》报道，目前中国各种各样的武术馆校超过了 1 万家，并形成了年收入达 10 亿多元的产业规模。

河南有大小馆校 600 多个，习武人数达 10 万人，伴随而来的是大量的社会资金投向武术馆校，大量的家庭把经济投在孩子的武术学习上。在北京申奥成功以后，有商家连续三年为中国武术散打王争霸赛赞助。种种社会资金的投入给武术的发展带来新的生机。因此，加大对社会资源的引进对社区武术的发展有着积极的意义，对社区武术项目服务体系的发展也有着积极的意义。

（一）建立良好的资源流通渠道，充分利用网络等传播媒介

目前，中国的计算机和因特网已经相当普及，应利用这一有利条件，充分发挥现代化网络技术的优势，来促进中国社区武术服务体系的建设，组建中国社区武术服务体系相关网站。将现代化计算机网络系统融入社区武术服务体系的建设，在社会武术指导员与群众之间搭建一个信息沟通的平台，及时了解群众的武术需求变化，并为政府部门的宏观决策提供信息参考。具体的实施方法为第一，提供中国社会武术指导从业人员的相关资料，并提供检索系统，让锻炼者可以就自己选择的拳种项目进行学习。第二，开设专门的政府性质的 BBS，让社区武术爱好者能够方便地进行交流，及时了解群众的武术需求，解决群众在锻炼过程中遇到的问题。第三，开设社区武术服务体系网上评价系统，发挥群众的监督作用，让锻炼者了解社区武术项目的服务体系的发展，并对各项指标进行评价，作为社区相关领导奖励、晋升的参考。第四，对全民健身和设体育指导员的相关政策、法规进行宣传。第五，开设专栏介绍各拳种、各种器械、健身小常识等。

（二）加大宣传力度，充分调动群众参与到武术项目服务体系中

随着社会的发展与时代的进步，人们越来越认识到健康的重要性。由于体育锻炼是公认的最便捷、最廉价、最有效的健康获取方式，所以，近年来群众体育运动在全国，特别是在城市发展迅速。但是，目前群众的科学锻炼意识还比较薄弱，把体育锻炼看得过于简单化，其体育锻炼还停留在凭个人经验的层次上。对于选择什么样的项目能够收到什么样的健身效果，很多老百姓并不清楚。因此，科学的引导就显得必要。我们所培养的社区武术指导员作为社区武术领域内的专业人才，他们不但能帮助锻炼者方便地学到武术技术，而且能提高他们的运动技术水平，增强群众的武术兴趣，还能向锻炼者传授科学健身的方法，直接增强群众的体质与健康。最重要的是他们虽然是武术传播中一个基端的细胞体，却是武术宣传中非常关键的一个环节。他们的大力宣传有助于群众对武术兴趣的增长，而群众对武术兴趣增长的直接结果就是越来越多的社区居民开始关注并参与到武术项目的服务体系中来。因此我们说，社区武术项目的进一步宣传关注是社区武术项目服务体系构架的基础。

为了抢占武术项目在社区居民体育生活中的重要地位，我们还应该进行其他的宣传，进行宣传的形式是灵活多样的，例如由政府主管部门出面与地方电视台协商，在地方电视台开设《武术健身跟我学》专题节目，请知名的武术专家系统介绍、讲解武术相关知识；在有影响力的报纸上开设专栏，介绍社区武术项目服务体系的相关元素和相关

内容，以及群众健身的小文章；通过各种大中型群众体育活动，如《社区武术运动会》对武术健身进行广泛宣传；举办有关的知识竞赛；请有关专家进行专题讲座等。总之，为武术项目在社区中赢得人气是武术项目服务体系的基础。

（三）利用战略联盟路径，寻求与企事业单位的结合

战略联盟是两个或两个以上的经济实体（一般指企业，有时也指企业间的某些部门）为了实现特定的战略目标而采取的任何股权或非股权形式的共担风险、共享利益的长期联合与合作协议。战略联盟是企业获取竞争优势，实现快速成长，树立富有竞争力品牌的一种重要战略。战略联盟能整合分散的资源，使之凝聚成一股力量，提高各组成部分的运作效率，同时加强合作者之间的技术交流，使联盟个体在各自独立的市场上保持竞争优势，有助于销售的增长。目前常用的战略联盟形式包括合作研究与开发联盟、供求关系、伙伴联盟、市场开拓与发展联盟、规模效益战略联盟、制造生产战略联盟等。武术项目服务体系在发展过程中必须积极地寻求以企事业为主的社会力量，依靠企事业的经济、社会力量来推动自己的发展。

有计划、有步骤地推出系列的武术产品，推动武术产业中品牌的创立与维护。中国现在是世界体育用品的生产基地，而非品牌基地。武术产业所面临的情况更是如此。因此，把武术产业用品制造业和国内外知名品牌结成技术战略联盟，整合研发资源与制造资源，取长补短，通过联合、联盟和合作经营等方式，实施强强联手、优势互补、资源共享，研发实力强的企业专攻研究，制造能力强的企业则共同从事生产，通过品牌联盟达到拓展武术产业的市场、提升产品知名度与美誉度的目的。诸如此类借助战略联盟，主动和企事业单位进行行业间的优势互补和优势相长，寻求共同发展的路径有利于为武术项目服务体系的建立打下扎实的市场和经济基础，进一步推动武术项目服务体系的建立。

三、充分发挥武术社团等非政府组织的作用

（一）加强武术社团的发展

1. 充分利用现代传媒打造适合武术社团生存的文化环境

一个体育项目的传播程度取决于人们对它的认可程度，而文化的认可则是人们在接触体育项因之前的心理基础。武术，这一中华文化的瑰宝也乘着东风，把自己的领地逐步由国内向国际扩展。作为在武术传播中起巨大作用的武术社团，也应该与时俱进地加强自己的生存能力和对文化背景的利用能力。

利用文化环境来发展武术社团，社团的管理者就应该充分利用当前的各种传媒力量来推进武术发展。可以借助武侠小说、武侠影视对武术项目巨大的宣传作用，也可以借助电视、网络的快速和面广的传播特点来推动武术发展。总之，管理者把武术项目向外

推广的过程也就是武术社团发展的过程。

2. 充分发挥和利用武术社团在武术产业中的中介作用

体育中介组织是处于宏观管理层（政府体育产业管理部门）和微观活动层（各类体育产业主体）之间的中介层次，一般具有媒介（纽带）功能、调节功能、服务功能、保护功能等。

武术社团处在政府管理层和群众消费层之间，在发展过程中承担着武术市场化、产业化的中介作用，对武术项目的发展举足轻重。充分发挥武术社团的中介作用有利于解决武术项目在全民健身中尖锐的供需矛盾，有利于武术资源的优化配置，有利于武术市场的规范化管理，有利于中国武术向社会化、产业化、国际化发展。因此，武术社团管理者应该充分利用当前体育中介的缺位和武术社团的中介地位来加大武术社团的发展筹码，在武术社团的发展过程中创造新的增值点，摆正武术运动协会的管理地位，跳出部门管理的框架。总之，武术社团的管理者在推进武术社团健康发展的过程中要充分利用各种社会背景，积极创造社团的发展机会。

3. 争取行政部门的认可与支持，开发政策资源

随着时代的发展，政策作为一种特殊资源已越来越被人们所重视。在确立社会主义市场经济体制的发展过程中，无论国有企业，还是民营企业，都把正确有效地开发和利用政策资源当作自身发展的重要条件。实践证明，谁善于最大限度地开发和利用政策资源，谁就能在竞争激烈的市场上立住阵脚并得到发展；反之，谁不注重或者忽视开发和利用政策资源，谁就会在竞争激烈的市场上举棋不定，甚至败下阵来。如何开发和利用政策资源促进武术社团的发展，对武术社团的管理者来说是很有意义的。

武术社团的管理者要想在新时期给社团的发展注入强大的生命力，就必须加强政策资源的开发。利用国家政策千方百计地促使政府及其相关部门出台一系列地方性政策；努力夯实武术社团的生存能力，显示自身确有发展前途和发展后劲；大力宣传国家和当地政府的有关政策，用足用好政策；搞好相关部门的协调和配合工作；此外还要善于做好公关工作等。

（二）武术社团内部机制的建设

独立自主是事物的生存法则，没有旺盛的生命力，再好的机遇也是水中月镜中花。因此，在加强武术社团外部环境创造的同时，一定要加强武术社团的内部建设。

1. 提高武术社团管理队伍的整体素质

管理人才是武术社团发展的根本，当前社会的竞争也早已转向了人才的竞争。因此，武术社团要想发展，就应该建立健全人才机制，促进管理人才的积极流入，通过机制的建立来保证和提高现阶段武术社团管理者的综合素质。

（1）争取社团编制，畅通武术社团人才渠道

1991 年，中央组织部、民政部、人事部、劳动部等部门下文在全国性社会团体中

实施"社会团体编制"，编制数额由民政部核定，经费由社团自筹，工资和福利待遇参照事业单位。但是从调查的情况分析，现在武术社团主要是没有编制。没有编制就无法解决武术社团工作人员的工资和福利待遇。由于缺乏编制，许多管理人才就不能进入武术社团中，没有固定的人才渠道将进一步阻碍武术社团的正常发展。

为了避免这种情况，我们建议：一是要积极申报，争取社团编制，通过增加编制来增加专职人员的数量，从根本上解决武术社团组织管理人才缺乏的困境。二是要积极争取挂靠单位的支持，由挂靠单位在行政编制或事业编制中抽出热心武术社团发展工作的专业人才。三是要积极动员热心武术社团发展的专业人才参与武术社团工作，或者在离退休人员中聘请既懂武术又懂社团管理的人才来到武术社团中从事管理工作。

（2）提高武术社团管理人员的学历层次，形成合理的人才结构

武术社团要想发展，需要高学历的管理人员与之相适应。学历代表一个人的受教育程度，一般说来，学历越高，所拥有的知识就越多，理论功底就越扎实，对问题的看法也就更透彻，创新性也就越高，有利于提出具有远见卓识的对策和建议，为了提高武术社团管理人才的学历层次，建议如下。

第一，招聘体育院系的体育管理专业的大学毕业生到武术社团的管理队伍中来，这是改善武术社团管理人员学历结构最直接、最有效果的方法。当然，由于武术社团的特殊性，应届大学生需要培养后才能适应武术社团的管理需要。第二，提高现有管理人员的学历层次，通过脱产学习或在职进修等途径来提高自己的学历层次。或者组织管理人员参加短期业务培训，通过短期业务培训来使他们逐渐接受本专业最新的知识和管理经验，以尽快适应武术社团的需要。

（3）建立一支年轻的管理者队伍

从目前武术社团的领导人基本情况来看，武术社团的管理人员中很少有 35 岁以下的工作人员，武术社团中年轻干部十分匮乏。而我们知道，现代社团的竞争不仅需要专业知识和技术技能，而且需要旺盛的精力和活跃的思维能力。因此，以适应武术社团的发展为目的，大力培养既懂专业又年轻的干部队伍到社团工作非常必要。充分利用年轻人精力旺盛，思维活跃，反应灵敏，知识结构新的特点来推动武术社团在新时期的发展。

2. 建立武术社团的监督机制

监督是对武术社团日常工作的检查督促，是政府了解武术社团发展情况及存在的重要形式，是社会力量评价武术社团的基础，没有好的管理机制，武术社团就难以被及时、真实地反映出来，政府、社会力量也不能根据武术社团的需要进行支持，此时的政府和社会对武术社团的管理就可能要么流于形式，无从下手，要么主观独断，忽略社团的客观需要。

当前，中国武术社团的管理部门在对武术社团进行管理审查时，主要是依靠年审和对大活动的申报。而一个武术社团是否按其章程在进行运转，是否在高质量地组织活动，是否存在什么样的发展难题等一系列情况，武术管理部门很难获知。武术社团日常工作

情况及运作中的漏洞等情况都很难被政府和社会及时得知，更谈不上管理了。管理者在面对下面的武术社团时，犹如雾里看花，分不清良莠，也就谈不上分别对待。长此以往，那些急需发展的、急需得到支持的武术社团难以得到支持，而那些没有存在价值，影响武术社团"清誉"的武术社团却不能及时清除。因此，我们建议完善武术社团监督机制。加大武术社团的年审范围和年审工作力度，年审不仅在于区分合格与不合格的武术社团，而且要量化出不同武术社团的发展规模及存在的问题，分区域、分阶段的年审评价体系将是加强年审工作的难点所在。应该加快武术社团年审中定性审查向定量审查的转变过程。

3. 建立武术社团基金和社团保险救助机制

武术社团，特别是民间武术社团的成立运作具有一定的风险性。因此，建立武术社团救助基金，建立社团风险运作救助机制是武术社团发展所必需的。

我们所指的是一种利益共享、风险共担的集合投资方式，即通过发行基金单位，集中投资者的资金，由基金托管人（一般是信誉较好的银行）托管。由基金管理人管理和运用资金，从事股票、债券和其他方面的投资。基金投资人享受收益，也承担因投资亏损而产生的风险。根据国务院《证券投资基金法》和中国人民银行《关于进一步加强基金管理的通知》及《中华全国体育基金会章程》，可以申请和组建"×体育投资基金项目"。该基金以投资体育产业为主，由证券型体育投资基金、体育产业型投资基金和体育创业型投资基金组成。

体育投资基金能吸引投资者进入资金市场，可以推动社会资源配置的进一步市场化。这种投资基金虽然具有一定的风险性，但是从国外体育市场融资的经验来看，不失为当前最现实、最佳的融资手段。

建立以发展武术社团为基金运作目的的"×武术投资基金项目"，对于现阶段经济基础薄弱的武术社团来说有长远意义，应该引起管理者的注意。

4. 完善武术社团的经济制度

经济是发展的基础，是制约现阶段武术社团发展最主要的因素之一，可以说，没有足够的经济基础就不会有完全独立的武术社团。没有足够的经济基础，武术社团的活动就很难保证。所以，完善武术社团的经济制度，加强武术社团的经济发展是武术社团发展的根本之一。

现阶段武术社团的经济来源中，政府给予的资助占很大的比例。倘若政、府大幅度削减投入，那将会有大量的体育社团"分崩离析"。武术社团在全民健身中具有较大的作用，是全民健身中较重要的基层载体，完全应该优先获得政府投入，特别是政府关于全民健身活动开展而投入的部分。因此，就目前而言，武术社团应该加大对政府投入申请，积极争取获得支持。

当然，武术社团要想运行好、发展好，单靠政府投入是不能有所为的。还需要得到社会的支持和资助。社会捐赠是社会力量支持社团发展的一个重要表现形式。但是目前，我国整个体育社团的捐赠渠道都存在障碍，究其主要原因就是缺乏社会公信度。但是如何提高武术社团的社会公信度呢？

首先是要加强宣传力度，通过报纸、杂志及网络等媒体来宣传武术社团的合法性，宣传武术社团在全民健身中的巨大意义和其所做出的巨大贡献，呼吁社会给予帮助。其次是要通过举办活动来增进武术社团与社会之间的交流，让社会了解武术社团的特色，在活动中赢得好的社会声誉，树立良好的社会形象。同时，武术社团还应该加强财务监督，实行社团财务收支公开，增加社会透明度来赢得社会的信任度。

武术社团应该抓住机遇发展自我，比如结合全民健身计划，并根据自身特点，多层次、多种类地开展社会活动，以吸收社会上不同层次人群的资金投入，满足不同群体的消费需求。或者根据本省的实际情况，重点开发几个项目以形成规模经营，同时还应该积极学习市场经营的知识。但是武术社团的实体化一定要结合实际情况进行，并要保证所获得的收入完全用于社团发展而不是个人挪用或者私分。

会费是武术社团维持活动的基本费用，是会员在获得社团服务的同时所应尽的义务。武术社团要健康发展，应该建立健全会费交纳制度。

四、拓宽人才渠道，加强社区武术指导人才的发展

在社区武术项目服务体系的构建过程中，人力资源一直是我们关注的焦点。因此，找出现有的社会武术人才，培养更多的武术人才来推动武术服务体系的建立其实是当前社会状况下我们最应该做的。近年来，中国的社会体育发展迅速，社会武术人口持续增长，社会武术指导员的队伍也在不断壮大，但距我们所要构建的武术项目服务体系的要求还有较大差距。为了更好地促进中国社区武术项目服务体系的建立，必须多渠道培养社会体育指导员。

从社会吸引人才。要充分挖掘社会上的武术人力资源，使每个有能力又愿意加入社会武术指导员队伍中的人都能得到培训的机会，这样既调动了广大市民参与全民健身的积极性，扩大了社会武术指导员队伍，又在一定程度上提高了社会武术指导员的社会影响力。

从企事业单位吸引人才。在计划经济体制下，我国的群众体育在城市是以单位为载体进行的。到目前为止，中国的职工体育开展得仍然很活跃，因为他们有计划经济体制下遗留下来的体育场地设施、人才和体育锻炼的传统。职工体育也是社会体育的一部分，各单位的体育骨干和优秀的体育人才都具有丰富的社会体育经验与知识，他们中很多人都是武术运动的爱好者，理应成为社会体育指导员队伍中的一分子。

从学校吸引人才。体育教师大都受过体育相关理论的专业教育，对体育自然科学知识和体育社会科学知识都有一定的了解，由于长年从事体育教学工作，具备了良好的人际沟通能力和语言表达能力，经过短期的培训后，一定能够成为优秀的社会武术指导员。体育教师的加入，不但可以增加社会武术指导员的数量，而且可以提高社会武术指导员

队伍的质量。从目前中国社会武术指导员队伍中体育教师的比例来看，体育教师成为社会武术指导员的潜力是很大的。中国应充分利用学校众多的优势，积极吸引体育教师加入社会武术指导员的队伍。目前影响体育教师成为社会武术指导员的主要因素为体育教师除上课之外，一般还要担负学校业余运动训练的任务，体力消耗相对较大，没有精力去进行社会武术的指导。针对这些具体情况，可采取社会武术指导与其考核、晋升职称、奖金等相挂钩，以调动体育教师的积极性。

建立与高校联合培养社会武术指导员的制度。中国的社会武术指导员队伍从总体上看，存在着总数不足、年龄偏大、受教育程度不高等问题，与高校联合培养社会武术指导员是解决这些问题的有效途径之一。首先，高等院校武术专业具有培养社会武术指导员的独特优势。第一，武术专业的师资力量比较雄厚，武术教学方法、教学手段比较完善，其体育设施、器材也比较完备。第二，高等院校能够严格地按照国家规定来培养社会武术指导员，这是由高校教书育人的本质决定的。第三，我国高校体育专业的学生所学的专业技术课程及基础理论课程的深度和广度远远超出培训社会武术指导员所用的教材。第四，高校体育专业学生的学习时间更是远超社会武术指导员培训时间，这更有利于其掌握所学的知识和技能。第五，中国高校众多，全国著名的体育学院的武术专业学生都是可以利用的宝贵体育资源。社会与高校联合培养社会武术指导员，可以使学生获得更多的社会实践机会，提高其实际操作能力。最后，这种联合培养的方式在增加社会武术指导员总体数量的同时，又有效地提高了社会武术指导员队伍的质量。

五、加快武术市场化进程，推动武术项目服务体系的发展

武术项目市场化的发展，对于加快武术的社会化进程，摆脱目前武术产业的经济困扰，实现将体育产业作为国民经济新的增长点的宏伟目标，以及促进整个体育产业的繁荣，都有着积极的意义。但是对于本文而言，武术市场化主要是有助于社区居民更方便地获取武术资源，有助于保证各种不同兴趣和水平的武术爱好者学习武术和推动武术。在本书中，我们依据所构建的武术项目服务体系的模型来确定本部分所要讨论的内容。

（一）大力发展武术表演市场

随着国民经济的发展，表演已经渗透到居民生活的方方面面之中，表演及它所依附的现代传媒在很大程度上影响着现代人的生活和认知。目前，中国的武术表演市场已初具规模，部分专门从事武术表演的独立公司相继成立，各种形式的武术商业演出活动已在不同地区、不同层面展开，并且有的还取得了一定的社会效益和经济利益。在武术表演的商业化运作过程中，门票、音像制品、纪念品等创收渠道也逐步开拓出来。为了更好地发展武术表演市场，我们提出了以下措施。

1. 更新管理观念

武术演出经营企业的经营战略和其他种类的企业一样，应该抓住企业的核心位置。

狠抓武术演出经营企业的外部环境、内部条件及可取得资源的情况，适时制定出具有全局性、长期性和权变性的经营战略。进而实现演出的战略胜利及经济效益。要深抓武术演出经营企业的自身条件，通过很好地确立市场定位来充分发挥自身的资源特点。

2. 加强宣传力度，打造强势品牌

长期以来，武术都十分重视动作的规范化。但作为表演武术，应着重提倡它的艺术性、趣味性、简便性，使传媒、武术和娱乐逐步形成一体化，着力打造传媒、武术和娱乐产业。建构互动平台，使观众便于参与，提高大众亲和力。媒体通过传播武术表演，可促使武术的新闻和专题节目更加精彩。武术演出企业也可以采用新颖的艺术手法，制作出节目预告或宣传片，通过报刊、海报、电视台不断以广告、新闻、专题、电视滚动等形式努力创造精品效应，把武术表演团队或精彩节目精心打造成国际知名品牌，进一步强化品牌意识，以独特的文化背景吸引海内外观众。这是今后从事武术演出业的企业长久立于不败之地的根本保障。

3. 制定营销战略，扩大市场份额

武术演出产品的营销始终是表演艺术进入市场的薄弱环节。要积极发展演出中介组织，拓展武术表演艺术产品的传播渠道，促进武术表演艺术产品在流通领域的价值体现。武术演出企业可以根据演出产品的特征迅速占领市场，逐步扩大总体市场份额。主要方式可采用：同大公司直接签约，组派演员参加国外品牌团的大型演出或在游乐场所单独演出；转卖给国外较大的演艺公司；或者参加文化部为配合国家元首出访或我侨办系统为慰问侨胞组派的巡演团组等。

（二）大力发展武术俱乐部

随着竞技体育的管理体制由"集权管理"向"社会管理"转变，协会管理体制将逐渐成为社会武术管理的主流。现有的大部分武术专业队也将通过不同形式转化为职业武术俱乐部，走向市场，按照自负盈亏、自主经营的企业化方式进行运作。同时还将出现大量的社会系统，主要途径是少儿武术俱乐部、青少年武术俱乐部、社会武术俱乐部和职业武术俱乐部。因此，武术俱乐部的研究将会有越来越多的社会意义。

1. 组建职业俱乐部，开展职业联赛

俱乐部制的职业化道路是竞技武术在市场经济体制下改革与发展的根本出路。散打的职业俱乐部发展已初现雏形。开展武术职业联赛，进行商业化运作，是武术竞赛市场全面繁荣的必然选择。职业联赛的赛期长，有利于媒体舆论炒作，职业联赛还应打破传统赛事仅注重比赛成绩与社会效益的常规，更侧重提高比赛的观赏性，需对赛事进行商业化包装，采用灵活多样的竞赛形式。

2. 培养经营管理人才，注重市场运作

武术市场化发展需要高素质的武术经营管理人才。首先，各级部门应重视对体育经营管理人才的培养，武术专业也应增设与体育经营相关的课程，培养既懂武术又懂现代经营管理的复合型人才。其次，应强化对现有武术经营人才的职业训练，使他们在实践中丰富武术产业知识，提高整体素质。最后，积极扩大和增进武术经营人才的国际交流与合作，大胆引进发达国家的体育经营人才和成功经验。

3. 更新思想观念，完善市场法规

武术在我国有数千年的发展历史，"扬文抑武"等传统观念根深蒂固，这在一定程度上影响了武术项目的市场化进程。此外，在计划经济体制下形成的思想观念也阻滞了武术的市场化进程。武术要在市场经济新形势下步入高速的发展轨道，必须进一步解放思想、转变观念，强化创新意识，拓宽思路，为竞技武术市场化发展注入新的活力。在市场经济条件下经济活动的运行，仅有行政措施尚难奏效，还要依靠法律手段。必须加强市场法规建设，通过市场法规来规范经济行为，有效减少违背市场机制行为的发生。武术项目的市场化发展不能脱离法制而存在，更不能脱离法制而推进。良好的法制环境是竞技武术市场化发展的前提和保障。

第二节　国外：全面构建传播体系

一、增强武术国际传播意识，加大武术传播理论建设

武术传播意识的强弱直接决定武术传播活动的活跃程度和武术传播事业的发展程度。对国家、地区或个人而言，武术传播意识强就会主动向世界传播武术，就会主动开展武术的交流活动和学术交流活动。地方上举办的各种国际性的武术节（会）。例如 1993 年北京举行的国际武术太极拳邀请赛，1995 年首届国际武当武术擂台公开赛，河南郑州举行的国际少林武术节和温县陈家沟的太极拳年会，上海的武术博览会等，都起到很好的传播武术的作用，这是各地武术传播意识强的表现。而国家传播武术的意识强，就更能促进武术高效快速地传播，竞技武术国际传播在短时间取得的突出成果就是明证。在当前西方强势体育文化占优势的情势下，国家要对整个社会加强宣传，提高整个社会对武术传播重要性的认识，强化武术向世界传播的社会整体意识。同时，武术主管部门加强工作力度，通过组织增强武术传播意识的学术研讨会或论文报告会等各种形式，借助一切可能的方式宣传增强武术传播意识的重要性，认识向世界传播中国文化的武术所具有的重要作用，使武术传播意识能够扎根于个人与国家之中。

加强武术传播理论建设对解决武术国际传播问题也是有效的途径。武术、传播活动古已有之，但武术传播理论研究起步很晚，而理论的探讨对推动武术传播的指导意义有不容忽视的作用。克服武术国际传播的不利因素制约，促进武术在世界的传播，就要重视武术传播理论建设。2001 年上海体育学院的邱丕相教授提出了武术传播学的概念，确立了武术传播这一理论研究新领域，新世纪武术传播理论研究和交流活动正在日益兴

起。中国体育科学学会武术分会、国家体育总局武术研究院主办的 2002 年第六届上海国际武术博览会武术研讨会的大会主题就被定为"武术在国际上的传播与发展"。2003 年 8 月在上海举办的"武术国际传播研讨会"，大会主题为"武术国际化发展的现状与对策"这充分说明武术传播理论研究正成为关注的焦点。这些活动的举办加强了武术传播理论建设的步伐，对武术国际传播事业影响深远。今后在动员全国武术工作者参与武术传播理论建设的同时，还要重视加强横向联系，多方吸引国外武术界的人士来参加武术传播研讨会，提供国内外武术界相互沟通的机会和渠道，就共同关心的武术国际化问题展开讨论，共商武术国际传播与发展的大计，促进国际武术传播思想和观点的直接交流。并且通过学习和借鉴国外其他体育项目先进的推广与传播的理论与实践经验，对武术在世界得到快速传播切实起到推动作用。

二、加强武术制度建设，成立武术国际传播机构

武术真正走向世界的时间很短，而西方体育经过数百年的发展，强势地位十分突出，武术要在世界体坛中获得应有地位和生存空间，就需要树立一种新型的"全球化"意识。这就需要加大武术的宣传，重视武术的文化传播，使国外受众能够认识到武术多元的价值功能，增强武术文化的亲和力。围绕这一目的，要加强制度建设。从全局来看，作为国家武术主管部门要高度重视武术传播工作，履行职责，统一策划和部署。建立整体格局和工作机制，而不能是"散兵游勇"式的单兵作战。可根据武术国际发展的形势。

加强政策、法规建设，完善各项武术制度，协调好国家武术运动管理中心、中国武术协会、地方武术协会、民间社团和海外武术组织之间的关系，规范武术组织机构的传播活动并提供导向，形成武术传播的合力。从具体操作上看：（1）应加大对武术资金投入和对传播媒介科技手段运用的政策性支持，为武术国际传播提供有力的物质技术保障；（2）建立健全国内武术全民健身活动制度，在国内形成一种全民习武之风，让外国人来到中国或通过媒介报道就能感受到一股浓厚的全民武术健身气氛，营造出良好的国内武术传播环境；（3）尽快建立一套武术国际传播效果评价体系，来对具有不同民族、宗教、文化和社会制度的国家进行武术传播效果的评定，及时获得传播的反馈信息，以针对不同国家和地区特点制定出具体的武术传播措施。

尽快成立武术国际传播机构。武术国际传播是一项庞大的系统工程，必须有专门的组织机构来进行管理运作。具体设想应发挥中国武术协会的作用，成立其下属的专门武术国际传播机构。它大致发挥以下三项功能。其一，对武术信息与资源实行统一规划和组织管理，确定武术国际传播的基本方针和远景规划。其二，制定武术国际化传播策略。比如根据武术国际传播的形势，以立足国内为根本，抢占国际前沿阵地，走武术的专业化、规范化和科学化的传播之路。通过制定细化的传播方案，有步骤、分阶段地优先选择在科技发达及武术开展好的国家和地区的优先传播策略，发挥这些国家对周边国家的辐射和带动作用，在此前提下逐渐加大向贫困国家和地区实行武术技术和武术器材的无

偿免费援助。其三，加强与国内乃至国外的各种传媒机构的合作，加强对各种现代传播媒介技术的有效综合利用，建立武术国际传播网络，突破地域的限制，使武术广播海外，到达世界每一个角落。

三、完善多渠道、多层次武术传播各方投入体系

武术国际传播要有效开展，离不开坚实、有力的经济支持。目前要解决我国武术国际传播的资金投入不足、渠道单一的问题，需要动员国外和国内的企业、社会组织和个人的广泛参与，不断拓宽武术国际传播的人力、物力、财力投入，建设多渠道、多层次的武术国际传播投入体系。

首先，可鼓励企业直接投入武术国际传播阵营。当前的武术国际传播存在着政府为主、社会缺位的现象。要解决武术国际传播发展的经济瓶颈，需要扩展武术传播的融资渠道与社会团体、组织和个人参与范围，鼓励企业加入武术传播阵营。如广州俏佳人文化传播有限公司投资于武术文化的传播事业，与人民体育音像出版社合作了"中华武术展现工程"，现已出版发行了300多个品种，并且通过10多个直属分公司、多个代理商，批量发行了数百万套，其中一些还发行了英语版。

其次，鼓励高校、武术科研机构积极从事武术国际传播活动。高等院校、武术科研机构在武术人才和信息资源上占有一定优势，应采取多种方法，畅通武术国际传播的渠道，把优势发挥出来。国内各大体育院校可先以武术为媒，发挥武术传递友谊的纽带作用，寻求与国外的高校建立友好关系，然后在校际的交往活动中，主动加大武术文化的传播，提高武术在国外知识人群中的影响力，放大武术传播的效果。同时将这种做法推介到全国的其他综合性高等院校，通过加大国内各综合性高等院校的高水平武术师资的资源配置，使他们也能在校际的文化交流中，发挥出传播武术文化的作用。武术科研机构在武术信息资源上占有独特优势，可以利用现代传媒技术手段传播武术。如借助互联网平台，建立网上武术博物馆，使网上武术博物馆成为传播武术文化知识的海洋，为武术国际传播架起一道通行无阻的桥梁。

总之，武术国际传播应打破传统的单一参与和投入体制，发挥各个"兵团"联合作战的能力。采取积极有力的措施鼓励个人、社会团体、基层组织及民间其他组织投资或直接参与的形式来缓解武术国际传播存在的经济上和人力上投入不足的问题。

四、加强队伍建设、培养一流武术传播人才

在任何情况下，人都是最活跃和最革命的因素，人才资源在武术文化传播中属于软件，却起着决定性的作用。高素质的武术人才的数量与质量直接关系到武术推向世界的进程。因此必须树立"以人为本"的思想，把武术国际传播队伍的素质建设提高到重要位置。可以发挥体育高等院校在培养武术人才中的优势，不断加强武术传播者的思想、业务与作风建设。能够培养出一大批武德高尚，专业水平和中国传统文化功底好，了解

西方文化，外语沟通能力强，精通国际法则并能熟练应用计算机等综合素质高的武术传播者队伍，以适应武术国际传播的迫切。具体操作设想如下。

其一，高等体育院校要增强武术国际传播意识，加强武术国际传播人才的培养。发挥自身在培养武术人才上的优势，改革目前民族传统体育专业中武术方向的课程设置，除体育学课程外，应增加跨文化传播学、文化学、国际法、公关、礼仪、经济法、计算机等课程的设置。在有关课程的安排与设置上可探讨与国内重点院校的某些专业联合培养武术国际传播人才的运作方法。在学科上发挥互补优势，以期在短期内能够培养出一批适应武术国际传播的复合型人才，以应急需。另外，对武术国际传播人才的培养目标、模式、内容、课程设置等有关项目加强研究论证，制定专业培养方案，创造一切条件，尽快成立专门培养武术国际传播人才的专业或组建武术文化传播学院，培养专门的武术传播人才。

其二，建立武术国际人才库。加强对武术传播者规范化管理，挖掘现有的人力资源，制定标准，加强对他们的涉外教学培训和考核，达到标准，获取相应的资格证书后，方可对外教学，也为国外武术组织机构、学校等单位选派武术援外人员提供服务。

其三，加强同国外华人华侨武术团体或组织的联系与沟通。海外华人华侨中的习武者是海外传播武术的重要力量。国内武术主管部门应该建立同他们的联系，主动提供武术的技术、理论等信息服务，借助他们的力量来传播武术。例如通过华人华侨在海外开办的武术馆，或利用他们创办的报纸、书刊等大众传播媒介来传播武术文化。

五、加强武术传播内容建设

（一）提高我国传统体育文化的竞争力

1. 注重中华武德的培养

中国传统武德，作为中华民族传统军事文化与传统伦理文化相互交融的结晶，是我国思想文化传统和民族精神的重要组成部分，对于现代军事伦理文化和军人道德实践，都有着巨大的影响和作用。

"仁""义"是中国传统道德的重要思想和规范，所谓"仁"，包含爱、忠恕、孝悌、信义等；所谓"义"，则是指公正、正义、公利、公道等。仁与义两者是相辅相成，密切相连，不可分离的。中国传统道德中的仁义思想渗透到军事斗争领域，影响着武力的运用及军人的道德活动，形成了中华传统武德中颇具特色的贵仁尚义思想。

中国古代武术家历来重视对练武者尽忠尽职的能力和精神的培养，强调练武者要通过习武精艺，练就英勇胆气，提高尽职的能力，以完成精忠报国的使命为最高目标，无论岳飞还是戚继光都说明了这些。为此，兵家和其他思想家提出：其一，御寇之道，莫先于练兵。习武之人的职责就在于尽忠报国，抵御外寇，杀敌制胜，"临敌而有功"。因此兵家强调"御寇之道，莫先于练兵"。练兵，就是要练好自身的武艺，提高自己的作战能力，如果"练习不素，则技勇之艺疏"，临战便会被敌所杀，就谈不上尽职尽责。其二，练胆之法，习艺为先。古代军人能够效命沙场，英勇杀敌，靠的就是胆气壮，而练胆之法，必须先习武艺，只有艺高才会胆大。无论将帅还是士卒，平时都要练习武艺，练其胆气。将帅武艺精湛，亲临战场就会胆气过人，激励全军，使士气倍增；士卒胆气壮，则会同仇敌忾，以一当十、当百，势不可挡。其三，兵无完利，与无操者同实。习武者习武精艺，要练习好各种器材装备，同时要使器材装备保持完善状态。

中华民族素以勤劳、勇敢著称于世。勇敢作为中华民族的传统美德，也是武德的重要组成部分，是中国传统伦理思想的重要内容。中华武术要求习武者对于英勇善战有更高的要求。尚勇治气，就是充分肯定勇敢精神和坚定。中国古代兵家认为，勇敢是战斗力构成的首要因素，即"首取精神胆气"。作战靠的就是勇气，"夫战，勇气也"，勇气直接影响到战争的结局，"兵之胜负，全在勇怯"。尽管这种勇气源于对正义的认识和信奉，即"大勇，义理所发"，"君子勇于艺"。但是，"杀身以成仁，触害以立义，倚于节理而不议死地，非有勇断，孰能行之"。也就是说勇敢是持节立义的必要条件。其可贵之处正在于能够树立正义，实行礼义，为正义事业而奋斗。

统一训练模式是为了更加规范地操作和推广中国传统武术，使推广过程更加简便易行。要建立形式多样而统一的训练模式的创编原则，也是从着重追求技术的竞技武术模式，转向以趣味及健身为主的社会群体模式。统一训练模式的建立，可以使推广的速度加快，也可以根据社会群体的需求以及对教学内容的实施进行合理的教学安排。同时，对中国传统武术形成一致的风格及树立品牌形象具有很大的帮助。

在建立统一的传统武术训练模式的基础上，要对传统武术教学中各项礼仪进行规范。如上课的礼节、课间的休息等进行统一。这些看似细小的过程却蕴涵着中国传统武术理念上的延伸，只有在点点滴滴的细节上处理好中国传统武术教学礼仪的规范，才会造就中国传统武术教学特有的文化及训练气氛。中国武术界对武术礼仪意识的觉醒是在20世纪80年代中期在比赛时对裁判员行抱拳礼的要求，现在已经扩展到了武术系统内的各项教学活动前后进行。但仅靠一个抱拳礼的仪式反映不出中华武术所独有的丰富文化内涵。相比跆拳道（包括日本的空手道），通过形式礼仪上的安排，使学者或观众能从中体会到韩国文化特有的内涵。中华武术对礼仪的诠释，首先缺乏一种明确表达习武的思想含义，如"尚武""崇德"等中华武术应在世界范围内的教学活动时统一固定在某一练习转换时的礼仪，以体现中华武术特有的文化象征。所以，在教学活动或教学内容转换当中加入适当的礼节、统一的规范要求，对中华武术的推广及对练武者的心理影响能起到极大的作用。

2. 注重中国传统体育文化与西方现代文化的交融

现代奥林匹克运动经过百余年的发展，已成为全球性的社会活动，特别是它四年一度的奥运会，成了全世界人们关注的焦点。但与此同时，奥林匹克运动场上也出现了与奥林匹克精神背道而驰的现象。竞技武术套路文化有益成分可对奥林匹克文化产生良好的补充与完善作用。

竞技武术套路文化继承了中国传统文化的优良因子，不仅在技术风格上体现了中国人的和贵、仁义、忠厚之道，在思想上也具有深刻的哲学意蕴和伦理道德，它倡导人们顺应自然，与自然和谐共处。这对奥运中出现注重高水平竞技能力的培养，追求肌肉强化，忽视人的精神与形体的和谐统一；注重结果，忽视过程，过于强调竞赛，忽视普及；过于强调灵肉分离，忽视身心合一的状况，无疑是有益的补充与完善。另一方面，竞技武术套路注重"德艺兼修"，习武之人要终身以道德为伴，使心灵从技击动作的演练中超越出来，追求内在的真善美，对弱者施以仁爱，对非武者撒播爱心，这些观念和思想对西方竞技体育始终向着竞争性、惊险性、公开性、健美性、趣味性方向发展，而忽视了人竞争中的道德教育，容易产生残忍、暴力的文化思想产生有益的影响。

现代奥林匹克运动竞赛由于过于追求成绩、注重比赛名次等出现了很多不正当、不公平的竞争手段，特别是采用违禁药物提高成绩。同时，由于过度商业性的开发等因素也出现了与奥林匹克文化内涵不相符的现象。当运动员艰苦的训练不能达到赢得最高荣誉所需要的竞技状态时，在金钱利益的驱使下一些运动员服用兴奋剂等其他违禁药物来达到提高运动成绩的目的，这不仅极大地损害了运动员的身体健康，而且也严重违背了奥林匹克运动公平竞争的精神和体育道德的要求。这种虚假的成绩是对奥林匹克运动教育价值和"更快、更高、更强"激励口号的嘲弄和挑战，使奥运会竞赛"体力和精神融为一体"的理想化为泡影。甚至有些国际奥委会委员违背奥林匹克精神，把办奥运会当作追名逐利的好机会收取贿赂，使奥运会的名誉受损。这一系列的奥运人文危机不仅仅与奥运会自身的运行机制、管理方式有关，而且也与"实践主体"故意歪曲竞争精神、违背道德水准、破坏规范和规则的有意识行为有关。不正当的竞争手段在竞技体育活动中的存在给竞技体育的公平竞争和良性发展带来了负面效应。

竞技武术套路传统理论倡导习练时要遵守"不偏不倚""不柔不刚"等规范，这种文化理念已不仅内化在人们对技能的理解上，而且一定程度上已经内化在习练者的道德人格与适度思维上。竞技武术套路文化继承了武术文化中"德与艺统一""武艺以养德""尚武崇德"等优良传统思想。

这些思想理念对培养习练者公平的竞争意识、良好的思想和行为起到一定的效用，使其不仅要有精湛的技术，而且要有高尚的道德情操和行为规范。同时通过武德的培养，提高人们的道德观念、思想素质，最终使习练者不仅在身体方面，而且在心理、社会公德等方面也得到全面发展。

因此，可以说竞技武术套路重伦理规范，强调对习练者道德良好行为规范的教化与培养等思想理念，对奥林匹克运动项目出现的暴力、服用禁药及由于过分商业化带来的弊端将产生良好的影响，对消除和预防"奥运人文危机"有着积极的促进作用。竞技武术套路与奥林匹克运动是两种价值体系有所差异的运动形态，在交流中出现碰撞冲突也是不可避免的。两者在互相冲突与交流中也可以相互取长补短，完善各自的文化和运动技术体系，从而融合与发展。

竞技武术套路具体动作可能达到的极限及对人体的作用与价值，大多没有精细的测试与量化的数据指标，而西方竞技体育动作是依照人体生理机能水平与能力进行测试、分析与实证，有量化的数据指标，因此竞技武术套路的研究方法可借鉴西方竞技体育的研究方法，运用生物学、生理学、生物力学等多种学科深入竞技武术套路的研究之中，使其更加科学、规范，促进竞技武术套路的国际化发展。竞技武术套路所蕴含的传统文化思想的深度和广度是西方体育文化无法比拟的，演练时的技巧方法及对运动方式"进与退、动与静、刚与柔"及所蕴含的文化内涵，也是西方体育文化难以企及的，但西方体育文化倡导个性自由、讲究公平竞争的科学精神，也正好弥补了中国文化封闭、保守、缺乏竞争精神的弊端。

现代奥林匹克精神可以融入竞技武术套路文化之中，并影响其发展；竞技武术套路文化的积极因素也可注入奥林匹克文化之中，为进一步丰富奥林匹克文化，弘扬奥林匹克精神做贡献。

（二）武术技术与武术文化传播并举

其一，武术传播是以直观感性形象为主的技术传播，属于武术文化的表层传播，也是最容易实现的。随着武术技术的掌握和提高，外国人就会产生探求武术文化真谛的要求，对武术深层的丰富的文化内涵产生浓厚兴趣，这是武术国际传播本身自然存在的由表及里的过程，也是外国人对武术文化逐渐认同产生兴趣的过程。要想让武术作为文化被世界所接受，就不能单单传播武术的技术而忽视其文化因子的传播。墨西哥人安东尼奥·佛格雷斯对亚洲、欧洲、美洲和澳洲地区的慕名习武爱好者价值观念的调查结果表明，"教育与文化"的价值高居首位。这一定程度说明了武术文化在国际传播中的魅力。因此要把武术技术的传播与文化的传播结合起来。具体做法为：1. 可以按照人们习练武术的娱乐休闲、健身养生、防身抗暴、竞技比赛、教育与文化等价值取向，对武术传播的技术内容和表现形式进行整理和归类的加工改造（如健身武术、娱乐武术、技击武术等），使武术技术达到规范化、简约化和统一化，使之具有广泛的适应性；2. 根据国外练习者的年龄、文化背景和个性心理特征等实际情况，制定出不同的动作内容和级别，同时注重赋予不同的文化内涵，做到国际传播中武术技艺性、健身性和文化性的统一；3. 与中国武术段位考试相配合，形成科学完整的武术技术与文化传播内容及评价体系。总之，只有民族的，才是世界的。没有文化支撑的纯粹的武术技术传播，会使武术失去民族特色，武术国际传播必将因缺乏后劲而难以持续。萨马兰奇曾说过："奥林匹克精神就是体育加文化。"奥运会之所以成为世界性的体育盛会，与其重视体育运动中的文化内涵分不开。在武术国际传播中也要注意做到技术与文化传播并举，实现武术的深层传播，提升文化魅力。让外国人在学习武术技术的过程中，体悟中国武术的博大精深，实践武术内在精神的修养追求，从而将对武术的喜爱转变为一种持久热情，增进与各民族体育文化之间的深层次交流与互动，达到在世界上传播和弘扬武术的目标。目标、模式、内容、课程设置等有关项目加强研究论证，制定专业培养方案，创造一切条件，尽快成立专门培养武术国际传播人才的专业或组建武术文化传播学院，培养专门的武术传播人才。其二，建立武术国际人才库。加强对武术传播者的规范化管理，挖掘现有的人力资源，制定标准，加强对他们的涉外教学培训和考核，达到标准，获取相应的资格证书后，方可对外教学，也为国外武术组织机构、学校等单位选派武术援外人员提供服务。其三，加强同国外华人华侨武术团体或组织的联系与沟通。海外华人华侨中的习武者是海外传播武术的重要力量。国内武术主管部门应该建立同他们的联系，主动提供武术的技术、理论等信息服务，借助他们的力量来传播武术。例如通过华人华侨在海外开办的武术馆，或利用他们创办的报纸、书刊等大众传播媒介来传播武术文化。

（三）加强武术科学理论研究

恩格斯曾经说过："一个民族要想站在科学的最高峰，就一刻也不能没有理论的思维。"同样如果武术缺少理论思维，也就不足以自立，更无法进入科学的殿堂。只有建立科学完善的武术理论体系，以科学完善的文化形态出现在世人面前，武术才会得到关注并进而得到广泛传播。因此，在武术管理部门的指导下，广大武术工作者应把发扬武术当作一项历史使命，积极开展武术的科学研究。首先，树立牢固的科学观，剔除武术存在的封建糟粕内容，革除武术中玄虚的、迷信的、无用的伪科学的东西，保证武术国际传播内容的科学性，走崇尚科学、改革创新的道路，以科学的态度和现代的观念来传播武术，保证武术传播内容的科学性，达到弘扬中国传统文化的目的。其次，做好武术的现代科学阐释。在长期的发展中，武术形成了许多理论，但大多是借助中国古典哲学模式及语汇而形成的高度概念化的理论框架，或是在实践中积累的要言、秘诀。尤其传统武术理论对学理的关注与分析不够，注重个人的心领神会，在概念与要言之后直接就是个人的感觉体悟，缺乏中间层的理论阐释，这使外国人在缺少中国传统文化知识背景的基础上，难以理解武术传播内容，造成了传播中的障碍。充分运用生物力学、解剖学、生理学等现代科学理论成果，将武术精深的文化哲理、技击原理、功理功法、健身机制揭示出来，将复杂深奥的武术内容用现代语言表述出来，使武术传播的技术与理论符合现代人的思维方式，并以良好的科研理论基础为武术传播做指导，这样才能更容易实现武术国际传播。

（四）改革竞技武术竞赛体制，争取武术进入奥运会

竞赛是促进体育运动发展的有效手段。形成于20世纪50年代的竞技武术因得益于竞赛体制的建立，才迅速提高了运动技术水平，形成了标志性的文化地位，有了较为完善的国际武术竞赛体系（如世界武术锦标赛、亚运会武术比赛、东亚和东南亚运动会武术比赛等）。在以竞技武术为龙头的对外传播中，应遵循武术运动发展的规律，对竞技

武术的竞赛体制、规则、裁判法和比赛内容进行研究和行之有效的改革；加强对国外运动员和裁判员的培养，提高各国的武术技术水平，将竞技武术竞赛体制全面推向国外。在此基础上争取尽快使武术进入奥运会，抓住东西方体育文化交融的重要渠道——奥运会，使武术借助奥运会获得新的、更高的展示自我的平台，同时利用其先进的全球信息同步传播系统，把竞技武术快速传播出去，对全世界受众产生的影响必将是深刻而巨大的。因此，以竞技武术国际传播作为先导，加快入奥进程，使竞技武术在引领武术国际传播中的突出作用发挥出来，快速提高武术的世界影响力，才可使武术获得更多的发展空间和机遇。

六、多渠道进行武术国际传播

（一）主动利用各种大型国际场合积极主动地宣传武术

国际场合是世界瞩目的焦点，增加武术在国际场合展示的机会，可以迅速提高武术的世界影响。如可以在世界性武术比赛和国际体育比赛的开、闭幕式上通过表演来传播武术文化。还可利用传播的"空手道"策略，会同有关方面，巧妙地利用我国有重要外事活动之际，争取给来访外宾表演武术的机会，随即就可通过现代化的新闻传媒渠道而迅速将武术广布四方，收到良好的宣传效果。另外，还可利用出访表演、竞技比赛、举办国际武术节、国际武术学术会议、国际武术博览会等渠道来传播武术。

（二）构建全方位、多层次的武术对外传媒体系

"从传者的角度讲，本质上，国际传播媒体之间争夺受众的激烈程度，是以更生动地展示本民族的文化为手段，以更广泛地传播本民族的文化为目的的竞争。"但由于武术正式开始对外传播时间不长，同发达国家的体育传媒相比不可同日而语。从总体看要增强横向联系，加强国内武术界与国内外媒体的联系与合作，构建互动平台，综合运用传统媒介（书刊、报纸等印刷媒介）、现代新技术传媒（卫星广播、电影、卫星电视、互联网等电子媒介）等各种传媒手段，提高武术的信息化程度，尽快建立起全方位、多层次的全球武术信息资讯传媒体系。突出以武术为代表的中国文化特色，展示武术的博大精深，引起国外大众的兴趣。具体操作：（1）对外出版部门、单位要增加武术的对外出版物（包括武术书籍、杂志、音像制品），既要有专业的国际武术技术和理论教材出版物，又要有面向一般国外普通大众的融知识性、趣味性为一体的武术出版物，充分发挥书刊、报纸、音像等传播媒介对大众的辐射力。（2）武术界会同有关部门共同开发一些武术网络电子游戏软件，发行武术卡通片和武术影片等以适应不同人群的需要，提供国外大众所喜闻乐见的武术传播内容与形式。（3）运用国际互联网传播武术，加快组建和完善武术传播网络信息系统。增加多语种的武术网站建设，提高网站信息的更新率，及时发布武术新闻和知识，做出新颖的武术网站版块设计，发挥互动性强的优点，以丰富新颖

的武术信息吸引国外大众，使他们能够方便快捷地了解、学习武术。另外，还可通过建立网上武术数字图书馆或者开展武术远程教育，使外国人足不出户就能学到正宗武术。

七、以学校为主阵地，加强国内外学校的武术教育

"教育是文化的一种再生机制，文化的传播与积累靠教育来支撑。"武术教育是实现武术国际传播的有效途径与手段，它能保证武术得到更高效的传播。就笔者看来，武术教育可以从两方面入手，即开展武术的国内教育和国际教育。而以学校为主阵地来增强武术的国内国外教育是传播武术的一条捷径。首先，以国内学校武术为重点，抓好武术的本土化教育。目前中国的教育体系，严重缺乏本土文化的继承。从幼儿园到研究生教育整个过程中，竟没有一门系统的传统文化课程，使得绵延深厚的中国传统文化面临着断层的危险。武术也不例外，武术教育一定程度的缺失，不仅使西方体育项目在中国大行其道，就连与武术渊源颇深的韩国跆拳道和日本空手道等亚洲体育项目在中国也异常火爆，而参与的人群主要是青少年学生，属于国粹的武术却备受冷落。青少年学生是中国未来的希望，武术如不能在新生一代身上得到传承发展，必定面临失落或消亡的危险。武术如在国内都不能盛行的话，何谈武术在世界上传播。虽然新中国成立之初我国就把武术列为大、中、小学体育教学的内容，可武术在我国学校中开展的情况并不好，主要原因有：一方面体育教材中武术所占份额太少，有的学校体育教学根本没有武术内容；另一方面缺少武术功底过硬的师资队伍，这与我国武术发源国的地位极不相称。有关部门已经意识到这个问题，在2004年中宣部和教育部联合制定的《中小学开展、弘扬和培育民族精神教育实施纲要》中强调了在中小学加强武术课的问题，这为学校武术发展提供了契机。学校是人生必经阶段，国内在校的大、中、小学生数量达几千万人，以较高素质的学生群体为重点大力推广武术，可培养出更多有知识、有文化和有修养的武术人才。通过学生向家庭、社会传播武术，以学校带动全国，就可大大加速武术的本土化传播。

当前应争取教育部门的支持，出台相关政策，提高对学校武术的扶持力度，修订中小学教学大纲，使武术成为重点的体育教学内容。加强师资建设，将武术正常地纳入各级各类学校的体育课、课外活动和早操、课间操中。并且积极筹划把武术作为一门单独的传统文化必修课来开展。要从传承中国传统文化、培育民族精神的高度认识到武术在学校中的地位和作用，保障学生武术学习的系统性，使之从小就受到良好武风的熏陶，磨炼意志、培养人格品行，增强其对民族文化的热爱。同时国内学校武术教育也可为武术国际传播打下坚实的人才基础，有利于国内武术氛围的营造，这是武术国际传播的稳固依托。

其次，积极开展武术国际化教育，推动武术国际化进程。东西方文化的差异是武术国际传播的重要障碍，培养西方人对中国武术文化的热爱，就要积极开展武术的文化教育。最有效的途径就是探求进入国外正规高等教育范畴的途径，力求让武术成为一个专业学位课程，提高武术在国外的学术地位，使武术国际传播能站在一个较高的起点上，

对国际社会的主流人群产生影响，起到放大武术国际传播效果的作用。目前在国外某些大学，如美国印第安那大学设立了武术专项课程，亚特兰大的凯纳索大学设立了有学分的武术课程，但这还不够。武术应向中医学习。相关资料显示，经过中医人在澳洲 15 年的艰苦奋斗，澳大利亚已有 4 所正规大学开设了中医学士到博士的学位课程，所用教材成为西方所承认的第一套中医教学大纲。可见从这一角度看，中医在国外高校的发展走在了武术的前面。武术在 2005 年 10 月 20 日美国康涅狄格州的桥港大学获得批准正式在体育课中设立了武术学位，成为全美第一所将武术引入高等学府的学校。这为武术在国外高校中设立武术学位提供了范例，我们需继续加强宣传，通过外派武术专家到国外各知名大学讲学或表演的形式来扩大武术在国外高校里的影响，提高对国外高校武术在人力资源上的支持力度，加强对国外武术人才的培养，使武术能够较普遍地在国外高校成为开设的课程或被设立为专业学位课程。如果能以外国高校为重点开展正规的武术文化教育，就能培养出一批外国武术人才，然后由学校扩散到社会，以点带面促进武术在国外的快速传播。

八、树立市场细分思想，优先选择武术传播的国家和地区

市场细分的概念是美国市场学家温德尔·史密斯于 20 世纪 50 年代中期提出来的。所谓市场细分是指把全球看成一个大市场，按照消费者欲望与需求把其划分为若干具有共同特征的子市场的过程。市场细分是包含许多变量的多元化过程，受到地理、人口、消费心理和行为等因素的影响。以这些因素为标志有地理细分、人口细分、心理细分、行为细分四种市场细分的基本形式。市场细分本来是企业营销的策略，但同样适用于武术国际传播。树立市场细分的思想，可以避免武术国际传播的国家或地区定位过于笼统之弊，划分优先选择传播的地域。可以将国家的政治、经济、文化等诸方面作为标准，将国际传播的受众大致分为发达国家受众和发展中国家受众。发达国家的受众大多数在西方，西方体育文化处于强势地位，武术国际传播的关键主要是中西体育文化碰撞和交融的问题，这决定了武术国际传播所针对的重点地区应该是西方大国，重点传播对象应该是西方国家的主流群体，这便于集中现有的人力、物力、财力在一定时间和地域形成武术传播的优势，提高效率。因此，武术国际传播要树立正确的指导方针，根据受众群体的不同，按照内外有别、外外有别的原则，向世界各国传播武术的同时，应有所侧重，优先选择武术所要传播的国家和地区，把进入西方国家主流社会作为重中之重。在武术资源的配置、武术传播内容的选择和传播方式的改进等方面，加强对西方主流社会的投入力度，扩大武术的影响力，逐渐形成武术国际传播优势地区，然后以其为中心发挥对其他国家或地区的辐射带动作用。

九、进行武术资源的产业开发，借此向世界传播武术

文化产业具有文化传播的功能，文化产业的发展过程就是在消耗越来越少的原材料

的情况下，运用市场化运作的方式创造和传播文化产品的过程。武术产业作为文化产业的一个分支，其传播的功能也概莫能外。面向国际市场，对武术资源进行产业化开发，发挥其传播武术的功能是武术产业国际化的题中应有之义。从资源属性角度看，武术资源开发可以分为武术自然资源和武术人文资源两大资源类型的开发。武术自然资源指有形的武术资源，主要包括武术胜地、武术流派发源地、武术名家故里、武术器械等。武术人文资源是人类自身通过劳动提供的资源，主要包括武术人才、武术技术、武术文化等，开发武术资源就是指这两类资源。

其一，开发武术自然资源可采取武术与旅游相结合的方式来传播武术。我国有着丰富的武术自然资源，例如河南少林寺、湖北武当山分别是佛教和道教圣地，又是少林武术与武当武术的发源地，极具旅游价值。而且我国的旅游市场有大量的国外客源，为此提供了前提条件。因此，将武术名胜景点、武术流派发源地、武术名家故里进行开发、创意和包装，在武术胜地开辟武术旅游专线，在旅程中安排武术表演，开展武术健身活动和武术知识讲座，通过学习简单的武术、拳术等多种丰富多彩的形式让外国人在旅游中体验武术的健身、娱乐、医疗、养生和休闲的作用，亲身感受武术所带来的欢愉，体验武术文化的魅力，发挥环境熏陶人的作用，让其身临其境地了解与学习武术，达到"随风潜入夜，润物细无声"的传播之效。

其二，利用武术人文资源的产业开发来向世界传播武术。武术人文资源的开发如下。（1）武术人才资源的开发。武术人才资源是武术资源中最宝贵和最关键的资源，包括武术各流派传人、优秀武术运动员和教练员、民间拳师等，他们是推动武术向世界传播的生力军。必须大力把人才资源开发出来，加强对其综合素质的培训，引向国外，拓展国外武术培训市场，提供学习武术的机会给外国人，拉近武术与国外受众的距离，使武术得到更加亲近的传播。（2）武术技术资源的开发。武术拳种丰富，流派繁多，武术丰富多样的技术是武术竞赛表演业、技能培训业、健身娱乐业、武打影视业等赖以存在发展的源源不断、取之难尽的财富。将它们开发到国外，建立一个完整的武术产业体系，可以适应国外武术消费者的多方面的需求，推动武术在世界的传播。（3）武术文化资源的开发。武术根植于中国传统文化的沃土，吸取了古典哲学、伦理学、兵学、中医学、宗教、民俗和美学等传统文化精髓。武术内涵型资源可资开发和利用的空间很大。例如武术中的对抗谋略资源和武术伤科秘方资源都极具开发价值，但目前工作还做得很不够。今后要大力开发武术文化资源，一来可以更好地将武术推向市场，实现经济价值，为武术的传播积累资金。二来通过打造武术文化精品，提高武术的文化品牌效应，使世人认识武术深邃的哲理、广博的文化内容，增加武术自身的文化魅力，发挥武术向世界传播的优势。

参考文献

［1］ 蔡仲林，袁镇澜. 武术 跆拳道 自由搏击［M］. 桂林：广西师范大学出版社，2003.

［2］ 杜七一. 跆拳道实用教程［M］. 武汉：湖北科学技术出版社，2016.

［3］ 郭玉成，李守培. 中国武术标准化发展研究［M］. 上海：上海人民出版社，2020.

［4］ 兰涛. 跆拳道训练与体育文化［M］. 北京：中国政法大学出版社，2018.

［5］ 刘少辉. 跆拳道训练与实战能力提高研究［M］. 北京：中国书籍出版社，2018.

［6］ 牛继超. 跆拳道教学与研究［M］. 北京：航空工业出版社，2019.

［7］ 孙茂君. 跆拳道［M］. 南京：江苏凤凰科学技术出版社，2018.

［8］ 王东，李颖，孙波. 大学跆拳道［M］. 大连：大连海事大学出版社，2013.

［9］ 杨小芳. 跆拳道训练理论与实践研究［M］. 北京工业大学出版社，2019.

［10］ 叶莱，周五一，李维高. 跆拳道－坚韧精搏的东方强身武术［M］. 北京：北京体育大学出版社，1991.

［11］ 翟继勇. 体育文明的现状与发展探索［M］. 北京：光明日报出版社，2013.

［12］ 张继生. 解密跆拳道世界化－解码中国武术国际化［M］. 北京：中国旅游出版社，2012.

［13］ 张江华. 武术套路与技击运动［M］. 天津：天津科学技术出版社，2020.

［14］ 张丽. 中国传统体育文化的对外传播与产业发展研究［M］. 吉林出版集团股份有限公司，2020.

［15］ 赵振雷. 跆拳道运动文化与技能教学研究［M］. 长春：吉林出版集团股份有限公司，2022.

［16］ 卓岩. 公共体育课之跆拳道课程［M］. 成都：西南交通大学出版社，2019.